相沢幸悦　著

林韓菁　譯

李　麗　審閱

日本金融大改革

三民書局

JAPAN

日本 の 金融 ビッグバン

(Nihon-no Kin-yu Biggu Ban)

Original Japanese language edition
published by NHK Publishing (Japan
Broadcast Publishing Co., Ltd.), Tokyo

前　言

　　將日本的貨幣、資本市場建構成Free(自由)、Fair(公正)、Global(國際化)的金融大改革為邁向二十一世紀最重要的課題。

　　為了在2001年之前讓東京市場蛻變成與紐約和倫敦市場並駕齊驅，亦即充滿活力的國際金融市場，日本金融大改革(Big Bang)於焉展開，這已經成為日本國民關心的話題。所謂"Big Bang"原本是指宇宙創始的大爆炸，最早將其引申為金融大改革的便是英國。

　　英國實施的金融大改革與美國的手續費自由化並不單指證券交易委託手續費的自由化，而是指整個證券交易所的大改革。其結果使得先進市場堂堂邁入全新的多元交易所時代，包含非交易所的電子交易制度在內，展開了活絡的市場競爭。此外，英美由於手續費的自由化，金融機構為求在強敵環伺的競爭當中脫穎而出，不斷推陳出新。

　　日本金融大改革的重心是為了將競爭原理引進金融業中，並實施證券委託手續費的自由化，將證券公司的執照制改為登錄制。由於手續費的自由化，很可能使得日本證券公司的經營體質產生變化，一舉進入證券交易的電子化時代。此外，將證券公司的執照制改為登錄制之際，如果沒有引進美國「廣泛的有價證券」的概念，並採取防止不法行為和詐欺商法措施的話，在保護投資人方面會產生不少問題。因此在實施金融大改革之際，必須站在保護投資人的立場，來進行法律體系的結構轉換。

　　日本金融大改革的重心之所以放在證券市場改革係基於以下背景

因素。銀行業務和壽險業務，原則上是金融機構與顧客的相對交易，當顧客產生損失時，基本上金融機構會被追究責任。相對地，證券業務由於是在不特定多數的投資人之間仲介證券買賣，而且證券發行單位的財務、經營狀況和交易型態會對投資人造成很大的影響。因此，發行單位的財務、經營狀況等資訊必須詳細公開，以進行公正且透明的交易，這些都是不可或缺的前提。否則當證券投資失敗時，便無法要求投資人自行負責，而資訊沒有均等公開的話，將使部分投資人蒙受其害。

隨著日本金融大改革的發展，原本受限於本利保證和預定利率等因素的資金流動，漸漸轉換為實質報酬型的資金流動，證券市場將會明顯擴大，銀行也可以從事投資信託的銷售來擴大證券業務。證券市場提供了日本高達1200兆日圓的個人金融資產一個有效運用的場所。今後各式各樣對顧客有利的金融商品將會陸續登場。

因此，除了要改正以往稱為「護航方式」的金融行政之外，還必須放寬或廢除各項管制，使金融機構能夠更自由的開發並提供金融商品，讓經營不善的金融機構破產，這些對製造業而言理所當然的作法應該儘早引進金融制度當中。如此一來，將使競爭日益激烈，迫使金融機構不得不謀求經營合理化與效率化，因此過去在管制下取得的「暴利」自然會消滅，而反映在降低成本上來回饋顧客，這便是理想的國民經濟型態。

在這種情形下，千萬不要和有破產危機的金融機構進行交易，因為當投資或存款蒙受損失時，投資人或存款人必須自行負責。因此，金融機構必須徹底公開經營狀況，還要為客戶仔細說明金融商品的內容，並確保金融商品交易的公平性與透明性，這些都是不容忽視的要點。換句話說，投資人的責任自負原則就是，在資訊徹底公開，交易

的公平性與透明性得以確保的金融環境之下蒙受損失時，就必須虛心接受自己投資失敗的事實，將責任一肩扛起。

在此有一個大前提就是，不允許舞弊行為發生。金融監督廳與證券交易等監察委員會必須站在「業者都不老實」的「性惡說」之立場上，徹底進行取締。在這個委員會中配置的人員可以是數千名到數萬名的規模。如果擔心違反行政改革，就仿傚美國的證券交易委員會(SEC)採行獨立預算制即可，這種作法也可以激起監督當局舉發舞弊行為的動機。在這樣嚴格的監督之下，恐怕金融機構也不敢為所欲為，如此才能夠建構一個健全的金融制度，以降低社會成本。

由於戰時編入國家總動員體制而制定的法律繼續沿用到戰後，使得隸屬大藏省之下的日本銀行在金融政策上頻頻失策，導致泡沫經濟等情形發生。不只如此，日本銀行還被賦予「救濟」不當經營的金融機構的任務。不過，不合時宜的〈日本銀行法〉總算得到了修正，日本銀行的獨立性因而更為提高。和獨立性居世界之首的德國聯邦銀行一樣，絕不容許通貨膨脹發生，而且不再從事無理的銀行救濟任務。我們期許日本銀行今後能夠一直保持這種堅定的意志，來擬定並執行金融政策。因為通貨膨脹會威脅到年金生活者等靠平生積蓄度日的弱勢民眾的生活，可能造成國家合法「剝奪」民眾「過去勞動」權益的結果。

日本金融大改革的內容「很可惜的」只不過是為了將在美國誕生而普及於歐洲的新商品和美國型金融制度迅速引進日本，故將以往的管制加以放寬或廢除而已，只能說是換湯不換藥。因此，東京市場若希望在二十一世紀繼續鞏固世界三大金融中心的地位，必須開發出日本獨自的新金融商品和交易制度。然而，日本不論是金融業也好，製造業也好，都無法建構出一套獨創的技術與制度，如此一來就只能落

入炒美國制度冷飯的窘境。當美國的經濟、金融的好景也漸漸蒙上一層陰影時，如今又要去重新檢討美國式的制度，那麼日本今後將不知何去何從，而淪為世人的笑柄。真正的金融大改革絕對不能只是追隨美國的腳步而已。

這或許聽起來有點像是身為德國研究者的筆者個人的偏見，但筆者深深感到日本實在是個過於崇尚「美國信仰」的國家。當然，德國也正急速引進美國型金融制度，但這是為了達成歐盟(EU)貨幣整合的目標，因為進行金融、資本市場整合與金融重整之際，德國過去的制度無法跟上現狀。不過，德國並不像日本一樣，完全不經思索即全盤引進美國的制度與金融商品。

其實德國一般民眾並不太希望引進會被徹底追究個人責任的金融商品。因為德國人民金融資產的主流是保證本金的銀行存款。當然，德國人民也會關心利率，但這也只侷限於投資信託（特別是公債及公司債投資信託）與保險等方面。另一方面，日本的郵政儲金也很受歡迎，這是因為日本人民心態上追求安定的金融商品。因此，我們要一面參考德國的先進作法，一面找出日本金融制度的問題所在，同時也要積極學習美國制度的優點，朝獨自的方向邁進。

追求安定的德國現在最活躍的便是儲蓄銀行，儲蓄銀行屬於一般民眾的金融機構，但也可以說是公營金融機構。由於關心利率等資金運用效益的大都是企業公司、法人投資機構和資產家，因此，儲蓄銀行可以說是一般民眾的金融機構。日本其實在利率和金融商品的設計上還有檢討的空間，但不應該讓郵政儲金此一般民眾的金融機構民營化。隨著管制不斷放寬，民間金融機構可以提供比郵政儲金更為有利的金融商品，而且只要穩健踏實的經營就不會有破產之虞，再加上安全網也整建完成，因此民間金融機構絕對有實力和郵政儲金一爭高下。

　　在檢討二十一世紀金融制度的走向之際，必須先了解金融制度發展的歷史與現狀，因此本書將帶領各位讀者走訪過去和現在。除此之外，也將詳盡介紹金融機構提供的金融商品，並描繪出今後金融制度的遠景。另一方面，除了對金融機構經營之道以及金融、資本市場的改革有深入淺出的說明之外，也要詳細舉出今後重要性日益提昇的金融行政和金融政策。

　　日本金融大改革成功的大前提有三：一，解決金融機構的不良債權問題；二，將錯綜複雜的金融機構體系（都市銀行、地方銀行、信用金庫、合作社等）單純化；三，將金融機構加以合併、重整。為了達成這些前提，最有效的方法之一便是利用〈獨占禁止法〉修正之後開放設立的金融控股公司。本書對於促進金融機構經營多元化的金融控股公司也有詳細的解說。

　　今後日本勢必會將需要高度金融技術的衍生性金融商品全面引進金融交易當中。此外，個人金融交易方面，目前已開始引進個股選擇權交易。不過，本書並沒有提到太多有關衍生性金融商品的內容，一方面是因為筆者本身才疏學淺；一方面是因為日本在這方面落後歐美許多，應該在日本金融大改革發展到一定階段後再慢慢引進，所以現在還處於準備階段，無法多做介紹。再者，如果散戶投資人有心從事衍生性金融商品交易，以目前的風險管理及投資人引進責任自負原則來看，還發展得不夠徹底，不宜貿然投入。金融機構、法人投資機構、企業公司等最好先雇用、培養優秀的人才，累積更多交易技術後再投入此交易為佳。

　　無論如何，筆者殷切期盼日本金融制度的改革方向不只是提昇國際競爭力而已，也要讓國民生活更為富裕。最後希望本書能夠對諸位讀者有所裨益。

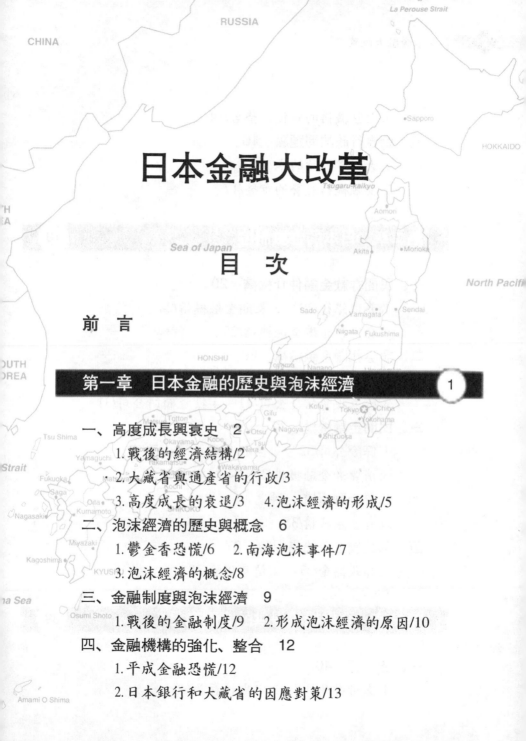

日本金融大改革

目　次

第五章　金融、資本市場今後的展望　125

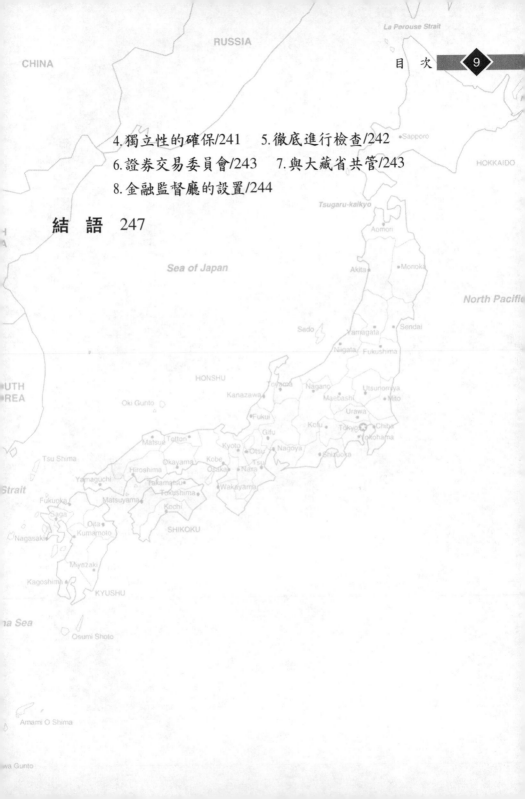

第一章

日本金融的歷史與

泡沫經濟

一、高度成長興衰史

1.戰後的經濟結構

　　日本於戰前建構的重化工業，就擴大一國生產的觀點來看，是極為不充分的。重化工業雖然一直被視為「潛在的軍事產業」，但日本戰前的重化工業卻可說是「顯在的軍事產業」。亦即，就軍事技術而言，在某個時期之前，日本雖然還堪稱擁有世界一流的水準，但戰爭結束後，這方面的技術卻完全派不上用場，也就是不可能進行民生產業轉換。

　　和日本同樣是敗戰國的德國，在第一次世界大戰之前就已經擁有世界一流的重化工業，隨即在戰後推動重化工業的民生產業轉換，由於西歐大量的重建需求，而達到高度成長。

　　相對地，日本的重化工業若直接加以運用的話，將無法彰顯出效率，必須加以廢棄，將大戰中在美國發展的重化工業裝置加以移植、創造，才能提高生產率。因此，這需要一段相當長的準備時間。和德國不同，日本之所以在敗戰後經過10年的歲月才於1955年邁入高度成長之途，便是基於這個理由。

　　如上所述，日本於戰後的高度成長即是移植、創造重化工業裝置的過程。相對於60年代後德國的經濟成長腳步漸趨緩慢，日本的經濟成長卻一直持續到70年代初期。然而，重化工業只不過是傳統型工業，軍事、航空、太空等最尖端的技術開發依然由美國扮演著主導的地位。

　　美國所主導的超尖端重化工業雖然附加價值很高，但在當時並不像鋼鐵業、電機、機械工業一般，成為發展整體國民經濟的原動力。

因此，發展傳統型重化工業的日本和德國呈現高度的經濟成長，而美國卻陷入經濟停滯成長的狀態。

2. 大藏省與通產省的行政

由於經濟的高度成長，日本的實質經濟顯著地擴大，在此，通產省（相當於臺灣的經濟部）的產業政策與大藏省（相當於臺灣的財政部）的財政、金融政策皆有效的發揮功能。通產省為了實質經濟的成長進行有效的產業配置與企業培植；而大藏省在財政資金的有效利用與財政投資融資上扮演著重要的角色。在貨幣政策方面，採取銀行、證券分離政策，一方面保護培植證券市場與證券公司，一方面利用「護航方式」完全控制日本的資金流動，由財政、貨幣面來維持高度成長。而且這些政府機構都大量引進所謂「一流」大學的畢業生，致力將日本經濟提昇到「國際水準」。

由於大藏省有必要完全控制資金的流動，因而藉由各種金融管制、業務管制來束縛金融機構和金融、資本市場。大藏省握有龐大同意權來支配金融機構，並非利用法令，而是利用行政來干涉金融機構的一舉一動。

通產省的產業政策和大藏省完全控制資金流動的作法，或許可說是在經濟成長階段中採取的「開發獨裁」的方式之一。因此，雖然在高度成長期可以十分有效的發揮其功能，但由於高度成長期結束後依然沿襲此種模式，反而帶來了嚴重的弊病。

3. 高度成長的衰退

於是，20年來一直維持年平均10%以上高度成長的日本經濟也在進入70年代中葉後陷入停滯狀態。特別是在石油危機之後的74、75年，

遭逢了戰後首度的嚴重不景氣。在此，日本不得不對戰後建構的經濟、金融制度進行結構轉換。總而言之，74、75年的不景氣可以說是金融制度結構轉換的幕後推手。

然而，日本政府和企業「誤以為」經濟的高度成長是理所當然的事（當時已知德國等國家擁有2～3％的經濟成長即可稱為高度成長），因而強行推動經濟成長。於是大量發行公債來創造需求，並且積極擴大出口。如此一來，在70年代末期到80年代初期創造出比西歐還高的經濟成長率，由此衍生出以下二項結果：

一，國際貿易摩擦的加劇與日本企業國際化的顯著進展。由於國際貿易摩擦日益嚴重，世界各國要求日本放寬經濟管制、走向經濟自由化的聲浪逐漸高漲，迫使日本企業不得不朝國際化邁進。

自由貿易雖然是現代經濟的大原則，但物美價廉的商品大量進口的話，會嚴重影響本國產業的發展，而無法再維持以往的生活水準。歐盟(European Union,EU)在80年代中葉揭示市場整合的目標，之所以計劃將第三國，特別是日本排除在外，正是基於上述理由。

日本企業一面擴大出口，一面因日幣不斷升值而增加海外直接投資，結果使得經濟以及金融、資本市場的自由化、國際化發展得相當快速，特別是在製造業的管制取銷之後，各企業為了在國際舞臺上佔有一席之地，紛紛實施企業重整，再加上日幣升值的關係，各企業均致力於公司經營體質的改善。

二，公債的大量發行及大規模的公共投資促進了經濟成長，使日本的金融、資本市場規模不斷擴大。在日本開始發行公債之際，大藏省擁有莫大的權力，往往提出漠視市場現況的條件，迫使金融機構全盤接受。然而，公債大量發行之後，公債流通市場的強化勢在必行，因此，在資本市場的規模明顯擴大的同時，金融機構幾乎可以將公債

當作現金，做為「流動資產」來運用。而銀行就經營上的觀點來看，可以大幅擴大長期融資的不動產融資，此為泡沫經濟形成的原因之一。

4.泡沫經濟的形成

於是到了80年代末期，日本出現了史上罕見的泡沫經濟。其根本原因可歸納如下：①經濟高度成長轉化為穩定成長，因此企業內部累積了龐大的資金；②由於企業「擺脫銀行」，使得失去放款客戶的銀行轉而投入不動產融資，並擴大股票投資；③在金融自由化、國際化不斷發展的同時，金融、資本市場已達到相當大的規模……等。

在高度成長期會產生鉅額的設備投資資金需求，以往由於可以滿足這些資金需求的證券市場尚未發展成熟，因此大都是由銀行以融資的方式來供給資金。在高度成長期結束後，設備投資資金需求減弱，即使有資金需求，只要向證券市場特別是海外市場進行調度即可，結果使得銀行的放款客戶明顯減少。另一方面，由於企業在泡沫經濟時期可以簡單調度到超低成本的資金，因此可以利用這些資金來還清銀行貸款。如此一來，對銀行而言，尋求優良的放款客戶已成為攸關存亡的課題，而他們最後只好選擇以不動產做為擔保的不動產業做為融資對象。

然而，泡沫經濟並不能單純斷定為炒地皮或是某種金融現象，情況其實是相當複雜的。因為在泡沫經濟時期，實質經濟也顯著的擴大。在經濟產業電子化快速發展的同時，通信技術也有長足的進步，在實質方面也達到了經濟成長。上述成果促進了金融技術的發展，能夠進行極度複雜的金融交易。

80年代中葉之後，日本發生的泡沫經濟可謂史上罕見的驚人事件。歷史上曾發生過的泡沫經濟有荷蘭的鬱金香熱、英國的南海泡沫事件，

以及1920年代在美國發生的投機熱。以下就來簡要介紹鬱金香熱和南海泡沫事件的始末，來探討何謂泡沫經濟。

二、泡沫經濟的歷史與概念

1.鬱金香恐慌

史上最早發生的泡沫經濟與崩潰之後所造成的恐慌事件要算是荷蘭發生的鬱金香熱。

說起鬱金香，現今大部分的人都會聯想到荷蘭，其實鬱金香的原產地是在地中海東部及土耳其周邊。十六世紀時由土耳其中心都市君士坦丁堡運送到安特衛普的鬱金香立即深深吸引住歐洲的王侯貴族。也因為荷蘭的氣候很適合栽培百合科花卉，於是在十七世紀初確立了鬱金香主要出口國的地位。

歐洲人民最初只要欣賞鬱金香即可感到滿足，漸漸地，他們開始追求他人所沒有的珍貴品種。特別是王侯貴族，為此更不惜拋下大筆資金。此外，鬱金香的品種也不斷地被改良。罕見的鬱金香一開始是由園藝家和收藏家之間相互進行買賣，進入1630年代後，一個球根的叫價竟然超過一棟豪宅，栽培家為了防範宵小，夜夜無法安眠。

不久之後，一般民眾也開始加入鬱金香球根的交易，因為稀有的球根太貴買不起，所以他們的投資對象大都是很普通、沒什麼特別的球根。漸漸地，外國的投資資金也開始流入這個市場。到了1636年，在阿姆斯特丹交易所中更開設了一個專門進行鬱金香球根交易的常設市場。甚至球根的期貨交易也熱絡的展開。在檯面上根本看不到資金和球根就可以進行交易，泡沫經濟在這個時期可以說是達到了沸點。

　　這股鬱金香熱到了1637年突然間退潮，原因在於一部分的業者想要轉賣球根卻發現賣不出去，結果引起投機客的不安，不願再下訂單，鬱金香的價格因而大幅暴跌。這種恐慌性賣壓更讓一般民眾感到惶恐，有的球根的價格甚至還暴跌到原價格的百分之一。

　　球根價格大幅暴跌的結果，使得以全部資產作為擔保來貸款搶購的投機客一夕之間宣告破產，變得身無分文。

2.南海泡沫事件

　　史上第二次泡沫經濟是發生在1711年，當時有一群人以和南美各國進行貿易為目的，在英國設立了一家南海公司，故事就由此展開。南海公司經營群中有一人名為約翰‧布蘭特，是個有經營才能的人。他向和自己有往來的銀行貸款買入南海公司的股票，等到股價上漲後再讓公司買回，自己賺取其中的差價。布蘭特為了達到目的，甚至利用了當時的首相和大藏大臣（相當於財政部長）等政府要人或是名人。

　　南海公司本身也違反當初的成立宗旨，不但沒有從事任何業務，甚至根本沒有和南美進行貿易。只是利用股價操作，將獲得的利益當作紅利支付給員工。然而，一般民眾並不知情，只看到南海公司的股價不斷飆漲，就一窩蜂的跟著買進，結果讓股價愈衝愈高。

　　不過，這種典型的泡沫式股價不可能無止盡的一直漲下去，不久就開始回跌。1720年的夏天曾漲到1,000英鎊的股價，到了秋天只剩下175英鎊，年底甚至暴跌到124英鎊。

　　在這股泡沫經濟最盛的時期，布蘭特得到了貴族的封號，他曾經在倫敦街頭被投機客狙擊，幸好保住了小命。南海公司包括布蘭特在內的幹部最後全被沒收財產，以補償一般投機客。其後，南海公司雖然得到了英格蘭銀行的支援，但由於〈泡沫公司禁止法〉的影響，在

1721年實際上已經破產。

3. 泡沫經濟的概念

　　南海公司事件之後，1920年在美國又發生了大型的泡沫經濟。回顧泡沫經濟的歷史，我們發現荷蘭、英國及美國都是當時的霸權國或是債權國。所謂泡沫經濟，是因為經濟擴大，金融資產的累積膨脹，結果為了獲取利益，投入鉅額資金，可說是在這種「金錢遊戲」(Money Game)之下的產物，這也正是泡沫經濟產生的前提。

　　因此，就如同哥爾伯雷斯(Garbleis)所述，人們甚至瘋狂到去設立一個「會大賺錢的事業，但沒有人知道該事業的內容是什麼的公司」，而該公司的股價一天比一天高，四周的人都得到利益，沒有因此獲利的人則被視為無能的人。這樣的風潮一旦產生，會讓一般民眾一窩蜂地參與投機，使得股價水漲船高，這種情況即稱為泡沫經濟。

　　而且，因為價格無時無刻都在攀升，投機客一方面擔憂價格會暴跌，一方面又希望能夠安全將持股賣出，不會成為股市中「變成最後一隻老鼠」。在泡沫經濟最盛行的時期，投機客都抱持著這樣的心態，因此泡沫經濟之所以會崩潰，往往都是由一件小事所引起。泡沫經濟崩潰的導火線為何總是讓大多數的人感到一頭霧水，原因就在於此。

　　所謂泡沫經濟，如果只是指投資對象的股價飆漲的話，這根本是不足為奇的現象。話說回來，投機與投資到底有什麼差別呢？

　　凱因斯將投機定義為：「比其他人還早看出未來難以預測的價格變動，因而獲利的行為。」不過，無論投資也好，投機也好，都是藉由對投資對象的資金供給來獲取利益的行動。在從事投資之際，比其他人還早預測出價格變動也是極為重要的一環。

　　如果硬要區別這二者的話，以投資價值為基準的買賣行動可稱為

投資，接受偏離其價值的價格買賣行動則稱為投機。想要利用買賣價差賺取鉅額利益的行為就是一種投機，是日常生活中一般性的經濟活動。而買賣價格明顯偏離理論價格的情形即為泡沫經濟。當然，所謂明顯偏離係指歷史上罕見的上漲程度，諸如「鬱金香熱」、「南海公司」、「1920年代的美國」等事件中異常的價格上漲程度。

三、金融制度與泡沫經濟

1.戰後的金融制度

在戰前日本金融機構的體系當中，於戰後廢除的只有儲蓄銀行而已，其他的體系基本上都完整的保存下來。舊殖民地時期的銀行當然都被指定為應關閉的機構而廢除，但戰前的特殊銀行（為達成特別目的，政府出資設立的銀行）有的轉換為普通銀行，有的轉換為外匯專門銀行，有的則轉換為長期信用銀行。

戰後，為了促進日本經濟成長，當務之急便是順利供給大量的設備投資資金。因此便制定了〈長期信用銀行法〉，於是日本興業銀行成為長期金融機構，此外，還新設立了日本長期信用銀行。

另一方面，日本政府將陷入經營危機的信託公司轉換為可兼營信託業務的普通銀行，使其成為信託銀行，許可該銀行從事融資信託交易。因為在戰時，為了動員大量資金，法律上是允許銀行兼營信託業務的。大藏省為了保護信託銀行，對於兼營信託的銀行給予行政指導，使其放棄信託業務。大部分的銀行都沒有膽量違背擁有龐大許可權的大藏省，只有大和銀行敢與之作對，直到現在都還兼營信託業務。

日本傳統的民間金融機構「互助會（公司）」，依據1951年制定的

〈相互銀行法〉轉換為相互銀行。和一般銀行的差別在於，相互銀行不可以對中小企業以外的企業進行授信，而可以從事相互掛帳業務。相互銀行到了80年代末期便轉換為普通銀行。此外，在戰前的市區信用合作社當中，具有一般金融機構特性的信用金庫和具有合作社特性的信用合作社在戰後依然存留下來。

如上所述，戰後金融制度重整的立場基本上是以留下戰前的體系為主。此外，為了以資金面來支援高度成長，又新設立了一家長期信用銀行。如果沒有高度成長期的話，有許多體系本沒有必要存在。

然而幸運的是，高度成長掩飾了金融體系過多的矛盾。亦即旺盛的設備投資所需的資金由長期信用銀行與信託銀行來供給，隨著國民所得的增加，相互銀行與信用合作社的業務得以擴大，業務領域管制也實施得很徹底。如此一來，達成高度成長，成為世界屈指可數的「經濟大國」的金融大環境在戰後初期逐漸形成。就這層意義來看，各金融體系的存在意義可說是愈來愈大。反之，在過多體系並存的狀況下而能夠達到高度成長，其中的過程也是不容忽視的。

不過，在高度成長期，這些體系的業務顯著擴大，因此產生很大的問題。由於在高度成長之下，內部累積了許多矛盾，而且這些矛盾都刻意的被掩飾住，結果終於爆發出一連串嚴重的問題，這是最大的原因所在。因此，在高度成長結束時，特別是在74、75年經濟不景氣之際，必須大刀闊斧重整金融體系，並強化、整合金融機構。

2.形成泡沫經濟的原因

儘管如此，高度成長結束，金融環境在性質上產生變化之際，日本政府並沒有對金融機構進行重整，打算讓高度成長期膨脹的制度一直維持下去，因此，只有繼續保持經濟成長一途。於是政府便大量發

行公債，並積極擴大出口，結果使得經濟與金融的國際化向前邁開了一大步。

　　之後，自80年代中葉到90年代前半期，達成了可與高度成長期媲美的經濟成長。這段經濟成長期的特徵是，股價與地價、繪畫與高爾夫會員證等資產價格明顯上揚。然而，在此時期，與以往支撐日本高度成長的重化工業大異其趣的電子產業，很明顯的普及到企業及個人的生活當中。此外，隨著內需不斷擴大，實質經濟的成長也達到了堪稱高度成長的水準。

　　此時期的經濟特徵就是發生了歷史上難得一見的泡沫經濟。股價創下史上最高紀錄，地價暴漲到領薪階級即使去貸款也買不起房子的地步。地價高漲最大的原因在於，高度成長結束後，企業開始「擺脫銀行」，因此陷入窘境的銀行轉而向以土地為擔保的不動產業進行融資，結果銀行等於是間接協助不動產業「炒地皮」。

　　大多數的日本人民都沈迷於投機事業。資產價格的上揚為銀行、證券公司、不動產業者帶來莫大的利益，使得消費不斷擴大，愈是高級品賣得愈好。如此一來，又刺激了實質經濟的成長。年輕人不願從事較危險的勞動和職場較髒的工作，以致人手不足的現象日趨嚴重，甚至還有業績不錯的企業因為人手不足而宣告破產。

　　儘管如此，日本的泡沫經濟還是在90年代初期開始崩潰，其後，便進入長期的「平成」不景氣。

四、金融機構的強化、整合

1.平成金融恐慌

在1996年底到1997年初期這麼短的期間當中，日經平均股價竟破紀錄的暴跌3000日圓。自1990年開始，隨著泡沫經濟崩潰，平成金融恐慌接踵而至，即使經過了7年，尚未看到打底止跌的徵兆。這是因為在這片恐慌當中，必須解決的各種問題，特別是在金融機構中累積已久的龐大不良債權問題依舊存在的緣故。

當時日經平均股價為2萬日圓，事實上就日本經濟的基本面與企業收益結構來看，這個股價依然是過高。正因為在這樣的狀況下勉強拉抬行情，才會使得股價突然暴跌，或許這就是金融恐慌的本質。若真是如此，在日本金融制度潛在的各種矛盾全部被解決之前，股價隨時都有可能會暴跌。即使沒有暴跌，在這些矛盾沒有被真正解決之前，股市絕對不會有真正的榮景。

因此，為了消化金融機構的不良債權，絕對不可以讓股價跌落到其重要資源所隱含之利益呈現負水準的地步，這是日本貨幣政策的最高命令。由於泡沫經濟崩潰後的資本利得（持有股票其帳面價格的提昇所得的利益），產生未實現穫利的標準也相對提高。依據各種計算，在1997年期間，即使是前二十大銀行（當時），當日經平均股價到達18,000日圓左右時，就會有未實現獲利為零的銀行。而這二十家銀行平均起來，日經平均股價在15,000日圓時，未實現獲利為零的可能性也不小。此外，對於採取相互公司的型態，財務內容的資訊透明化和股份有限公司相比極為不充分的壽險公司而言，雖然每家公司的情況

各不相同，但情況都比銀行還要嚴重的多。

2.日本銀行和大藏省的因應對策

　　隨著平成金融恐慌日趨嚴重，日本銀行也不斷調降重貼現率。而為了提昇股價，並誘導日幣貶值，在1995年甚至將重貼現率調降到史上最低的0.5%，結果讓銀行在這段期間創新了史上最高的業績。但是，放款利率越走越低，甚至到了無法更進一步利用超低利率處理不良債權的地步。日本銀行一面觀望景氣，一面在摸索時機，希望將利率調漲到4%的水準，這是因為超低利率犧牲了人民、特別是年金生活者的權益，各界都在批判這種現象只會讓銀行得到好處。

　　大藏省似乎認為藉由重貼現率的調降和股價維持政策，總有一天可以讓景氣復甦，使地價止跌回升。如此一來，金融機構的不良債權問題自然就會迎刃而解。不過，股價不斷下跌似乎在提醒人們事實並不如想像中那樣單純。這無非是在告訴我們，除非堆積在金融機構中那龐大的不良債權問題能夠完全解決，讓金融機構放下重擔，否則縱然實施了日本金融大改革，也不可能讓景氣真正復甦，讓股市行情再現光芒。拖延解決問題的時間，使景氣恢復期拖得愈長，其結構上的危機就會愈嚴重，最後「大日本經濟大國」將淪為「太平洋上的碎藻」而消失無蹤，這絕非玩笑話，而是極有可能發生的悲劇。

　　如果只是循環性的景氣衰退與金融不景氣的話，不可能會持續這麼長的期間。倘若大藏省還是一味採行僅存的少數「強權」，企圖繼續隱蔽各種矛盾情況的話，恐怕只會釀成更大的金融危機。

　　為了避免金融大危機的發生，立即將擁有龐大不良債權、體質不佳的金融機構加以強化、整合為首要之務。有些情況也必須投入公營資金來援助，因為這是日本經濟與金融制度正常化與發展所不可或缺

的一環。不過，如果和住宅金融專門公司的處理情形一樣，投入了人民的血汗錢，卻不追究相關失職人員的責任，這種完全不負責任的體制是不能被人民允許的。在投入公營資金之際，就要和美國一樣，以徹底追究責任為一大前提。對於民間交易的失敗，在維持金融制度安定的名義之下投入公營資金，對日本政府而言，的確是個相當沈重的負擔。

同時，強制性的整頓、整合只有在高度成長期才能生存的金融機構也是有必要的。因為所謂日本金融大改革，其結果不外乎就是淘汰掉競爭力太差的金融機構，而強者將會愈來愈強。因此，就提供人民平等的金融服務這個觀點來看，培植專門金融機構是絕對不可或缺的要務。

3. 金融機構的強化、整合

強化、整合目前的金融機構這種強制的作法對過去的大藏省來說是不可能做到的，這是因為過去好幾年大藏省一直發佈不會推動"Pay Off"（儲蓄存款保險制度：存款保險機構取代破產的銀行，以1,000萬日圓為上限，支付與存款同額的保險金）的樂觀看法，依然固執採用一貫的「護航方式」（保護培植相對弱勢的金融機構，為具競爭力的金融機構帶來「暴利」的金融行政）。

不過，銀行的強化、整合勢在必行。金融制度必須再加以簡化。都市銀行只需設立數家，地方銀行則在每個都、道、府、縣各設立二至數家（因為只有一家的話將欠缺競爭力），信用金庫在各地區分別設立幾家即可。信用合作社除了職域、業域信用合作社之外，幾乎沒有其他的存在意義。當然，並不需要特別去清算原本就存在的金融機構。藉由廢除〈長期信用銀行法〉、放棄信託分離、修正〈中小企業等協同

組合（合作社）法）等方式，將職域、業域信用合作社以外的信用合作社轉換為信用金庫，以此來促進競爭，將金融機構強化、整合起來，這可謂是最佳的作法。

因此，在這個過程當中，必須強化經營體質較差的銀行。「銀行規模太大無法使其倒閉」的情形，在徹底追究經營者的責任，請出資方承擔債務，之後再引進公營資金等來進行重建，這也是可行之道。讓銀行破產之所以有其必要是因為要規避道德危機。在救濟東京二家信用合作社的過程當中可發現一個共通點，那就是不論這些金融機構從事多麼荒謬不合理、亂無章法的融資，最後還是會得到「救濟」。如果所有存款都能夠被保證的話，人們一定會選擇縱然危險但利率較高的銀行，這樣對自己比較有利，如此就不需要有經營倫理和存戶的個人責任了。

證券市場偏離經濟現況而擴大的時代已經告終。在泡沫經濟期間，無論任何投資家都能夠輕易獲取資本利得(capital gain)。然而，以獲取鉅額資本利得為目標的投機時代已經過去，今後股價將會回歸正常，也就是回復到國際上認可的適當水準，依企業收益狀況來決定股價。因為，雖說是股票投資，但報酬率好壞才是投資判斷的基準。由於市場已經縮小，所以證券公司的規模也必須配合市場調整。

據說保險公司也有許多不良債權。這些經營體質太差的保險公司也必須加以強化、整合。至於採行相互公司型態的保險公司，為了要徹底實行資訊透明化，必須要將組織變更為股份有限公司的型態，這是因為相互公司連破產時的處理辦法都不甚明確。

政府系統的金融機構也應該及早加以強化、整合。儘管歷史的使命已經結束，但日本的金融、經濟並無餘力保留職位給政府官員的「空降部隊」（退休後被安排到民營企業任職的政府官員）。銀行方面對於

郵政儲金的反彈很強烈，但考量到其做為儲蓄金融機構的存在意義，就會發現郵政儲金的民營化不見得是一件好事。不過，必須要矯正以遠超過民間的有利條件來吸收存款的作法，這點是無庸置疑的。

在這些問題沒有完全解決，銀行的不良債權依然存在的情況之下，無論怎麼高唱日本金融大改革，平成金融恐慌還是會無止盡的持續下去。

五、金融行政的問題點

1.大藏省行政的本質

金融機構之所以累積了龐大的不良債權，原因大都出在金融機構本身，這是無可否認的事實。戰後由於採取形成日本金融行政骨幹的「護航方式」，使得金融機構過度仰賴大藏省，而形成官商勾結的經營模式。由於大藏省的保護政策，只要取得大藏省的許可，或是雙方達成默契，便可以從事任何金融業務。因此，就金融機構的立場而言，得罪大藏省可是得不償失的事。

金融機構設有可稱為「必要之惡」的職位「MOF(Minister of Finance)的窗口」，實在非常荒唐愚蠢。此外，盡量延攬與大藏省官員相同大學出身的精英，以掌握大藏省的動向。金融機構的員工對大藏省官員所有瞧不起人、無理的要求也必須面帶微笑照單全收。大藏省所要求的資料即使拋開自己原本的工作也得快速製作出來，然後立刻呈送到這些官員面前。

金融機構的員工若想要維持做人的尊嚴，就會被降職。大藏省官員總認為這些員工就應該向他們低頭，而且深信他們一定會聽從自己

的指示。如上所述，這些人年紀輕輕就成為地方上的稅務署長，指使著那些和自己父親差不多年紀的署員，這種陋習實在應該立即廢除。此外，更重要的是應該讓這些稅務署員去聆聽市民有關報稅的諮詢，並提供建議與協助，如此才能夠親身體會出市民們是如何辛勤工作以繳納稅金。這麼一來，當他們有一天被調到主計處任職時，才會認真的去考量該如何削減稅賦。

必須讓大藏省所施行的財政政策與金融行政完全分離，並依據法律來監督、檢查金融機構，這方面的體制改革著實刻不容緩。

2.金融機構經營的重整

與其說金融機構是在為客戶提供金融服務，倒不如說是依循大藏省的意向在從事各種業務，因此，這種現狀只會讓大藏省金融政策的失敗在金融機構重演而已。不過，金融機構當中也有許多優秀的人才。有些員工會向上司建議不應該再從事助長炒地皮的業務，但是這些人往往都會被駁斥：「大藏省又沒有表示任何不滿，況且公司的業績也蒸蒸日上，怎麼會有問題呢?」隨即遭到降職。即使是泡沫經濟漸漸崩潰的現在，這些不聽忠告的人，亦即「泡沫經濟的戰犯」，不需承擔任何責任就可以出人頭地，享受著高官厚祿，這樣的例子比比皆是。明明是這些人讓公司背負了龐大的不良債權，卻……。

這些人實在應該拿出道德勇氣，縱然會影響前途，也要堅持正義，將那些被降職的優秀人才找回來。今後，金融機構的經營不應該再依循大藏省不合理的行政指導來從事金融業務，不只要依據法律，還要站在為人民及客戶服務的觀點上來做事，這才是正確的經濟哲學和倫理觀。以往在上位的人總是一味的將責任全都推卸給下屬，自己卻不斷的向上出頭，這就是日本長久以來的不良「傳統」，現在正是應該毅

　　然決然揮別過去的時候了。如果無法去除這種陋習，日本將無法在二
十一世紀繼續立足下去。

　　如上所述，為了擺脫大藏省而自立，以重整金融機構的經營，除
了要根本改革貨幣政策的走向之外，也必須讓形成泡沫經濟的罪魁禍
首「日本銀行」推行獨立的貨幣政策。

第二章

日本的金融制度

一、民間存款金融仲介機構

日本的金融機構可大分為存款金融仲介機構與非存款金融仲介機構（請參照圖表1）。存款金融仲介機構包括普通銀行與專門銀行，而非存款金融仲介機構則包括普通銀行與專門銀行以外的民間金融機構、證券相關金融機構，以及公營金融機構。（請參照日本銀行金融研究所編《（新版）わが国の金融制度》，1995年）

商業銀行為民間存款金融仲介機構，而且也是形成金融制度的主軸，在日本稱為普通銀行。除此之外，尚有長期金融機構、中小企業金融機構、合作社組織金融機構等，這些機構雖然也是民間存款金融仲介機構，但卻屬於專門銀行。

1.普通銀行

依據〈銀行法〉第10條第I項規定，銀行的業務包含以下三項：①接受存款或定期存款；②資金的放款、票券的貼現；③匯率交易（請參照圖表2）。銀行向企業或個人等廣泛吸收存款，再藉由放款或證券投資等的運用，來擔負起金融仲介功能。普通銀行不但是支付結算系統的軸心，同時具有信用創造功能，可供給現金準備數倍的存款貨幣，形成金融制度的主軸。

都市銀行、地方銀行、長期信用銀行、信託銀行在全國各都市設立票據交換所與銀行協會，成為全國性的聯合團體，組織全國銀行協會連合會（簡稱「全銀協」）。全銀協加盟銀行稱為全國銀行。普通銀行則區分為都市銀行、地方銀行、外國銀行三種。

圖表1　日本歷來的金融組織

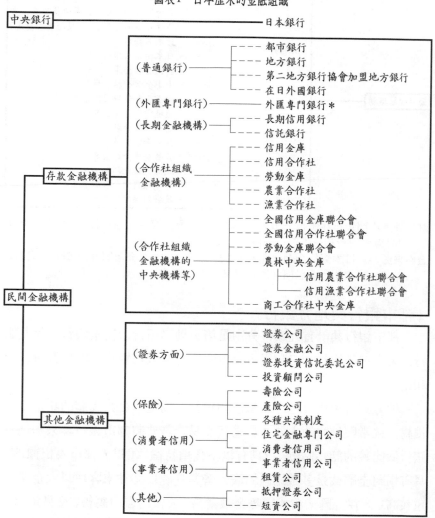

中央銀行 ——————————————————— 日本銀行

- （普通銀行）
  - 都市銀行
  - 地方銀行
  - 第二地方銀行協會加盟地方銀行
  - 在日外國銀行
- （外匯專門銀行）—— 外匯專門銀行 *
- （長期金融機構）
  - 長期信用銀行
  - 信託銀行

存款金融機構
- （合作社組織金融機構）
  - 信用金庫
  - 信用合作社
  - 勞動金庫
  - 農業合作社
  - 漁業合作社
- （合作社組織金融機構的中央機構等）
  - 全國信用金庫聯合會
  - 全國信用合作社聯合會
  - 勞動金庫聯合會
  - 農林中央金庫
    - 信用農業合作社聯合會
    - 信用漁業合作社聯合會
  - 商工合作社中央金庫

民間金融機構

其他金融機構
- （證券方面）
  - 證券公司
  - 證券金融公司
  - 證券投資信託委託公司
  - 投資顧問公司
- （保險）
  - 壽險公司
  - 產險公司
  - 各種共濟制度
- （消費者信用）
  - 住宅金融專門公司
  - 消費者信用司
- （事業者信用）
  - 事業者信用公司
  - 租賃公司
- （其他）
  - 抵押證券公司
  - 短資公司

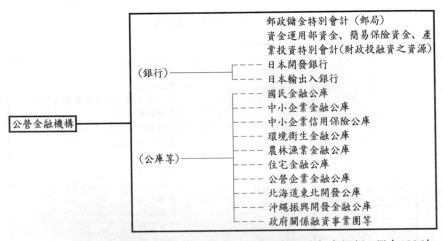

註： 外匯專門銀行在體系分類之際，習慣上都會被歸類為都市銀行，但自1996年
　　4月東京銀行和三菱銀行合併之後便成為歷史名詞。
資料來源： 以日本銀行金融研究所編《新版　わが国の金融制度》(1995年發行，
　　日本銀行金融研究所) 為基礎製作而成。

⑴都市銀行與地方銀行

　　都市銀行共計有九家，分別是第一勸業銀行、富士銀行、住友銀行、東京三菱銀行、三和銀行、東海銀行、櫻花銀行、朝日銀行、大和銀行。

　　地方銀行係指以地方為基礎的銀行，為地方公共團體的指定金融機構，經常與地方的主要企業進行交易。若要將都市銀行拿來和地方銀行做比較的話，都市銀行具有以下幾項特徵： ①以大都市為根據地，具有橫跨全國或是多數地區的廣大營業基礎； ②往來客戶以大企業比重較高； ③在外匯業務或國際金融業務、公債的窗口銷售、交易業務、公司債的受託業務等方面扮演著重要的角色。由好幾個都市銀行所組成的企業集團特別會對經濟造成重大影響。

圖表2　銀行的業務分類

	業　務　內　容
固　有　業　務	存款、放款、匯率交易
附　帶　業　務	債務的保證、票券的收受、金錢債權的取得或讓與、業務的代理、公共款項等的出納事務、保管、兌換、國內CP的辦理等
證　券　業　務	（附帶業務） 以投資為目的或接受客戶書面的訂單，從事有價證券、選擇權、期貨的買賣以及有價證券的融資、公債的金融機構團體聯合承銷、私募債的辦理、地方債、公司債及其他募集的受理、證券代理 （其他證券業務） 公債的買斷承銷、募集或銷售辦理（不包括餘額承購）、公債交易、仲介
依據其他法律營的業務	附擔保公司債信託業務、公司債等的登錄業務、彩券相關事務、信託業務
周　邊　業　務	放款業、抵押證券業務、投資顧問業務、創投基金、租賃、委託計算、應收帳款收買、信用卡、信用保證等

資料來源：同圖表1。

依據1954年制定的〈外匯專門銀行法〉而設立的銀行即為東京銀行，被歸類為都市銀行。東京銀行因國內分行少，經常為資金短缺所苦，因此在1962年法律修正之後，總算可以利用發行金融債來調度資金。東京銀行於1996年與三菱銀行合併，外匯專門銀行自此時起正式走入歷史。

⑵第二地方銀行

第二地方銀行的前身〈相互銀行〉為戰後金融重整的一環，係依

據1951年制定的〈相互銀行法〉，由日本傳統的民間金融機構「互助會（公司）」轉換而來。和普通銀行的差異在於：①相互銀行只能從事以中小企業為對象的授信業務；②可以從事互助會（公司）的業務，亦即相互掛帳的業務……等。不過，其後相互掛帳業務的比重愈來愈小，和普通銀行的性質日趨接近。因此，自1989年2月起轉換為普通銀行。轉換為普通銀行的舊相互銀行由於組織了第二地方銀行協會，因而稱為第二地銀。

2.長期金融機構

　　由於戰後的長期信用與短期信用分離，長期信用銀行與信託銀行等長期信用金融機構有的進行組織變更，有的重新設立，對高度成長所需的設備投資資金的供給有其大貢獻。

(1)長期信用銀行

　　這是依據1952年制定的〈長期信用銀行法〉而設立的民間金融機構。同年，日本興業銀行隨著戰前特殊銀行的廢止而成為普通銀行之後，再由普通銀行轉換為長期信用銀行，此外也新設立了日本長期信用銀行。1957年，以朝鮮銀行的剩餘財產為基礎，設立了日本不動產銀行，於1977年改稱為日本債券信用銀行。雖然長期信用銀行為了長期供給資金，可以發行金融債做為資金調度來源；但相反的，在吸收存款方面卻受到某種程度的限制。同時，分行家數也很少。之後，長銀終於宣告破產，於1998年國有化。

(2)信託銀行

　　〈信託法〉中將信託定義為：「從事財產權的移轉與其他處分，依據一定的目的，代替他人進行財產的管理或處分。」亦即，將財產委託自己信賴的人加以管理與運用。

　　日本於戰時可兼營銀行業務和信託業務，但戰後，為了安定信託銀行的經營，採取利用行政指導來分開銀行業務和信託業務的制度。然而，也有的銀行與大和銀行一樣，雖然屬於普通銀行，卻仍兼營信託業務。

3. 合作社組織金融機構

　　合作社組織金融機構包括信用金庫、信用合作社、勞動金庫以及農林系統金融機構（有關其業務範圍，請參照圖表3）。屬於這些體系的金融機構原則上都是以會員或合作社社員的互助為基本理念的非營利法人。

(1)信用金庫

　　服務範圍為中、小規模企業金融與個人金融。業務內容以存、放款業務為主。乍看之下，與普通銀行並沒有什麼不同。但信用金庫為會員組織的金融機構，其授信業務原則上只侷限於會員。除此之外，其事業區域也受到限制，這是與普通銀行不同之處。就這點來看，與接下來要介紹的信用合作社的性質非常類似。不過，信用金庫可以讓非會員成為其存戶，信用合作社卻規定非會員存款最多只能佔總存款的20%，就這點而言，信用金庫反而比較接近一般金融機構。

　　自1963年以後開始適用存款準備制度。1981年法律修正後，外匯交易業務受到認可。至於與公債相關的交易業務，在1985年所謂〈放寬管制配套法〉之下修正了〈信用金庫法〉的一部分而獲得認可。信用金庫的中央機構為全國信用金庫聯合會，這個機構主要是負責運用旗下信用金庫的多餘資金。

(2)信用合作社

　　為1949年基於〈中、小企業合作社法〉而設立的中小企業、勞工

圖表3　合作社組織金融機構的業務範圍

	信用金庫	信用合作社	勞動金庫	農業合作社	漁業合作社
（存款、放款業務）					由會員以外吸收的存款必須在總存款的50%以內
存款	自由	由非會員吸收的存款必須在總存款的20%以內		與非會員的交易必須在與合作社社員交易的20%以內	放款總額上限為存款總額的20%、非會員存款總額的80%中較低的一方
放款		對非會員的放款必須在總放款的20%以內			
（其他業務）					
國內匯兌業務	○	○	○	△	△
外匯業務	○	○	○	○	×
債務保證、票券的收受	△	△	△	△	△
有價證券的買賣					
（以投資為目的）	○	○	○	△	×
（接受客戶書面的訂單來從事業務）	×	×	×	×	×
選擇權、期貨交易	○	○	○	×	×
有價證券貸款	△	△	△	△	×
公債等的金融機構聯合承銷、窗口販賣及交易	○	○	○	△	×
私募債的辦理	○	○	○	△	×
公債等的承銷、募集、銷售等（以賣出為目的）	○	×	×	×	×
金錢債權的取得、讓與	○	○	○	△	×
地方債、公司債募集的受託	△	△	×	○	×

證券代理	○	○	○	△	△
業務的代理	△	△	△	△	△
公共款項等的出納事務	○	○	○	△	×
保管	○	○	○	△	×
兌換	○	○	○	△	×
金融期貨交易等的受託等	○	○	○	△	△
附擔保公司債信託業務	△	△	×	○	×

註：○：可以辦理　　△：一部分可以辦理　　×：不可以辦理
資料來源：同圖表1。

等合作社組織的金融機構，目的在於相互扶持。在戰前的信用合作社當中，較具一般金融機構特性的機構都轉換為信用金庫，因此，現在的信用合作社比信用金庫還具有合作社的特性。在信用合作社中，包括有地區信用合作社（服務範圍為小規模企業金融、個人金融）、業域信用合作社（服務範圍為小規模企業金融）、職域信用合作社（服務範圍為個人金融）三種類型。信用合作社的監督為國家的機構委任事務，由都、道、府、縣全權負責。其中央機構稱為全國信用合作社聯合會。

(3)勞動金庫

為合作社組織的金融機構。主要負責推動勞動合作社及消費生活合作社及其他勞工團體的福利共濟活動，為了提高勞工的生活水準，從事必要的金融事業。其中央機構為勞動金庫聯合會。

(4)工商合作社中央金庫

其目的在於針對中小企業合作社及其他主要以中、小規模的企業主組成的團體推動金融的發展，於1936年依據〈工商合作社中央金庫法〉設立的特殊法人。所需資金以工商債券的發行為主，向金融市場調度，交易對象原則上侷限於所屬團體（工商合作社中央金庫出資的事業合作社等）或是其組成份子。

(5)農林漁業部門

此部門就擔保能力、獲利能力、資金需求的長期性、季節性而言，很難成為一般金融機構的融資對象。因此，一般都會由受到政府保障、扶助的合作社系統金融機構來從事農林漁業金融。

合作社系統金融機構分為農業系統、森林系統以及漁業系統，各自皆以最下層的市町村（鄉鎮）合作社為基礎，在中間的都、道、府、縣（省縣）則各自擁有聯合會，在最高層設置中央機構——農林中央金庫。

農業合作社可以進行的信用事業包括合作社的存款、定期存款的收受、合作社社員的事業、生活所需的資金，或者是農業地區產業基礎、生活環境的改善所需資金的放款等。

信用農業合作社聯合會和農業合作社一樣，不可兼營信用事業以外的事業。主要業務包括會員儲金的收受、對會員的放款，另外也可以為會員提供票券貼現或債務保證等服務。除了地區性的調整合作社社員之間資金的過剩與不足之外，也擔負起強化農業合作社信用事業的任務。

在漁業合作社當中，可以從事信用事業的機構包括有漁業合作社與水產加工工業合作社，但這些信用事業規模都不大，係以採購銷售事業及製冰冷凍事業等的經濟事業為中心。漁業合作社的上級機構雖然是信用漁業合作社聯合會，但規定不可經營信用事業以外的事業。

森林系統金融機構中包括了森林合作社和以森林合作社為基礎組成的森林合作社聯合會。和農業、漁業的系統組織相比，規模較小，信用業務也僅限於放款一項，而且不可從事吸收存款的業務。

二、證券相關金融機構

1.證券公司

　　證券公司必須為取得大藏大臣執照的股份有限公司。依據1948年〈證券交易法〉的規定，證券公司採用了「登錄制」，但1965年法律修正後，於1968年4月變更為「執照制」。而在1998年12月又恢復為「登錄制」。證券業的執照並非以證券公司為單位發放，而是依下列四種證券業務分別給予執照。

⑴自營商(Dealer)業務

　　證券公司自負盈虧從事有價證券的買賣等業務，為了促使證券市場的買賣與價格形成更加順利，而扮演著造市者(Market Maker)的重要角色。不過，自營商業務往往會與經紀商業務結合，有些場合很可能在客戶與證券公司之間有著利害關係的對立，因此，自營商業務被限制在補足經紀商業務的範圍之內。

⑵經紀(Broker)業務

　　證券公司接受投資人有價證券買賣的委託，以自己的名義幫投資人進行買賣的業務，買賣所得全部歸屬投資人。這是以往證券公司的主要業務，藉由經紀業務從投資人那裏收取到的委託手續費是證券公司最大的財源。除此之外，經紀業務還包括以下幾項：

- 有價證券買賣的媒介（在投資人之間進行有價證券買賣時，調整雙方買賣條件的業務）
- 有價證券買賣的代理（以投資人的名義接受有價證券買賣的業務，但實例不多）

・有關買賣交易委託的媒介、代辦或代理業務（將投資人交付給非會員證券公司的買賣單委託給可以在證券交易所進行交易的會員證券公司，此時的業務就稱為代理業務）……等。

(3)承銷(Underwriting)業務

在有價證券的承銷（承購、賣出）方面，於證券發行時，證券公司以賣出有價證券為目的，與發行者締結承銷契約。承銷契約的內容為取得發行證券的全部或一部分（買斷承銷），沒有銷售完的部分必須自行吸收（餘額包銷）。在承銷之際，要組成承銷金融機構團體，代表承銷金融機構團體締結承銷契約的便是幹事證券公司。幹事證券公司有數家時，主幹事證券公司為其中心機構。在主幹事有數名的情形下，可以選出事務幹事。

所謂承購，係指經手新發行證券的業務，而有價證券的賣出是以已經發行的有價證券為對象，對於不特定多數的投資人，以平等的條件銷售或說服客戶購買的業務。

(4)分銷(Selling)業務

其他證券公司賣出所承購的證券時，將其中一部分分賣出去的業務。和直接承銷證券發行的情形不同，不需承擔發行保證（例如餘額包銷）等的風險。

2.證券金融公司

為專門進行以下業務的金融機構：①對證券交易所的會員貸出信用交易結算所需資金或證券的業務（融資融券）；②對證券公司在買賣或承銷公債、公司債時貸出所需短期資金的業務(公債、公司債融資)；③其他證券金融業務。

3.證券投資信託公司

　　所謂投資信託，係指委託者（投資信託公司）將由多數受益者（投資人）所募集到的資金交付給受託者（信託銀行），依照委託者的指示，由受託者來進行證券的買賣。當初委託者的功能是由證券公司來擔負，但1959年眾議院大藏委員會接到違反〈民法〉第108條的「雙方代理禁止原則」（有關同一法律行為，禁止成為對方的代理，或成為當事者雙方代理的原則）的批評，在1960年以後，委託公司逐漸由證券公司獨立出來。

　　投資信託公司的業務包括「信託契約的締結、解約」、「受益憑證的募集、發行」、「信託財產運用的指示」、「收益的分配金、解約金、償還金的支付」、「信託財產的說明書及運用報告書的製作」等。

4.投資顧問公司

　　在〈有關有價證券之投資顧問業的管制等法律〉於1986年11月施行之後，投資顧問業者需要向大藏大臣（日本的財政部長）註冊。

　　向大藏大臣註冊過的投資顧問公司在從事「投資全權委任業務」（客戶將投資判斷全權委託投顧公司，投顧公司依據其投資判斷幫助客戶進行投資的業務）時，必須得到大藏大臣的許可。

　　投資顧問公司欲取得投資全權委任業務的許可，必須具備以下條件：①為股份有限公司；②具備健全推動業務的財產基礎；③收支狀況良好；④由其人員結構來看，具有可公正且正確推動業務的知識與經驗；⑤被認定具有充分的社會信用。

　　在發展證券市場的觀點之下，證券投資信託公司兼營投資顧問業務，以及投資顧問公司兼營證券投資信託委託業務終於在1995年2月得

到大藏大臣的許可。

三、民間金融機構

1.保險公司

　　日本經營保險事業的壽險公司，資本額或基金總額原則上必須是超過3000萬日圓以上的股份有限公司或是相互公司（法律修正後，已經提高為10億日圓）。相互公司為保險業特有的組織型態，受到〈保險業法〉的許可，與股份有限公司的差異如下：（請參照北村歲治《図說日本の生命保険》財經詳報社，1992年）

・性質：股份有限公司屬於營利法人，但相互公司屬於中間法人。

・出資關係：股份有限公司是公司的成員「股東」出資的資本（自有資本）；相互公司則是公司的債權者「基金提供者」籌措的基金（他人資本）。

・成員：股份有限公司是股東；相互公司是社員（所有保戶）。

・決策機構：股份有限公司是股東大會；相互公司是社員大會或社員總代表大會。

・損益的歸屬：股份有限公司是股東；相互公司是社員。

2.住宅金融專門公司

　　自1971年以後，銀行等相繼設立的住宅金融專門公司（住專）也提供房屋貸款。銀行等之所以要設立住宅金融專門公司是因為①房屋貸款為零星交易，而且事務相當繁複；②需要有評估土地、建築物等擔保方面的專業知識和經驗；③接受中期資金做為長期融資，較有助

於住宅資金的安定供給。基於上述理由，與其由銀行來承辦，倒不如委託專門機構較為合理而且有效率。(日本銀行金融研究所編，前述書籍)

　　雖然住宅金融專門公司因泡沫經濟崩潰而陷入困境，但追根究底是因為主要融資對象——不動產、營建業者的經營狀態因泡沫經濟崩潰而惡化，使得資金需求大幅降低所致。此外，許多住宅金融專門公司擁有龐大的不良債權而陷入經營危機，後來雖然接受出資銀行的支援，開始重整旗鼓，結果還是難逃清算的命運。

3.消費者金融機構

　　消費者信用（不包括房屋貸款）可以大分為二個部分，①對消費者購買的商品及服務款項的支付提供授信的「銷售信用」；以及②對消費者直接融資的「消費者金融」。

　　近年來，除了大型租賃公司、流通業者、消費者金融專門業者等進入銷售信用的領域之外，金融機構或信用銷售公司、信用卡公司等也積極投入消費者金融，使得這個領域的競爭呈現白熱化的狀態。

　　在消費者信用中扮演著重要角色的就是信用銷售公司。所謂信用銷售公司係指依據1961年的〈分期付款銷售法〉，向通產省登錄為分期付款購買的仲介業者。主要業務包括綜合分期付款購買仲介業務（亦即信用卡業務）與個別商品分期付款購買仲介業務（亦即分期付款債權買斷業務）。

4.短期融資公司

　　所謂短期融資公司係指適用於〈融資業管制等相關法律〉及〈出資的收受、存款及利率等管制相關法律（舊出資法)〉的融資業者。

短期融資公司主要是指從事拆款資金的放款或擔任借貸媒介的業者，在短期融資市場中進行拆款資金交易及票券買賣交易。其他還可從事的有：可轉讓存單、政府短期證券、貼現短期國庫券、日圓計價銀行收受票券買賣、銀行間自由利率存款的媒介、外匯買賣或外幣拆款資金借貸的媒介、日本選擇權市場交易的媒介、以及金融期貨交易等的受託業務……等。

四、公營金融機構

在日本，為了促進經濟成長並提昇國民的生活水準，設立了許多政府金融機構來補足民間經濟的不足，這種機制便稱為財政投資、融資。

公營金融仲介機構是由郵局、資金運用部、各種政府金融機構所構成（有關其構成機制請參照圖表4）。透過這樣的公營金融仲介機構，每年政府便以郵政儲金及各種保險、年金等型態吸收龐大的資金，再以這些資金做為主要財源，利用公共投資以及對民間產業的出資、放款、債券承銷等的型態來進行投、融資。

財政投融資的資金來源包括以下幾項：

·資金運用部：接受郵政儲金及各種特別會計的公積金、盈餘等的寄存，再將此資金融資給政府金融機構及公團等的特殊法人、地方公共團體等。資金運用部的前身為大藏省存款部，但在1951年〈資金運用部資金法〉訂立後便改組為現在的資金運用部。

·簡保資金：係指「簡易壽險及郵政年金特別會計」決算之後盈餘部分的公積金。

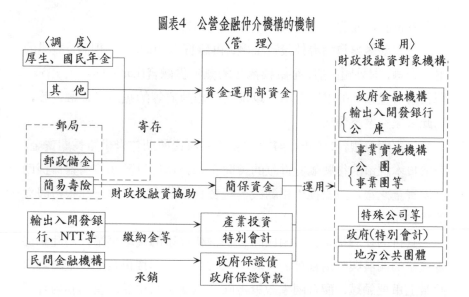

圖表4　公營金融仲介機構的機制

資料來源：同圖表1。

・產業投資特別會計：為了進行經濟重建、產業開發以及貿易振興方面的投資，在1953年承接了美國對日援助回饋資金特別會計，而創設了產業投資特別會計。

・政府保證債、政府保證貸款：係指公社、公團等的政府相關機構發行債券，或是向民間金融機構貸入長期資金時，其本息償還由政府來保證。

政府金融機構

　　日本輸出入銀行：這是一個以出口金融為主要業務的政府金融機構，於1950年設置，當時定名為日本輸出銀行，到了1952年追加了進

口金融業務，並將名稱改為日本輸出入銀行。

其主要業務包括海外投資金融、再融資(Refinance)、保證、設備的進口金融、對外國政府、金融機構等的無擔保融資(Untied loan)、出資、與技術引進相關的進口金融，以及對外國政府等的短期資金融資等，以此來擴充業務領域。

日本開發銀行:係指在廢除①戰後經濟復興期負責供給長期資金，對於日本經濟的復興頗有貢獻的復興金融公庫；以及②美國對日援助回饋資金之後，改為提供相關設備投資資金的金融機構。此銀行設立於1951年。

其目的在於補足、獎勵民間金融機構從事的金融事業，藉此來促進產業的開發與經濟社會的發展。依據此目的，提供長期資金給國家政策上重要領域，配合國家政策走向來改變業務重點，使業務內容更為多樣化，更能發揮功能。

國民金融公庫: 目的是「對於很難得到銀行及其他一般金融機構融資的一般民眾提供必要的事業資金等」，於1949年依據〈國民金融公庫法〉而設立。事業資金僅限於對小規模企業創業資金的小額放款和就學貸款，並不包括對生活困苦者的救濟資金。

中小企業金融公庫: 目的是「提供中小企業者振興事業所需的長期資金，對於一般金融機構不易融通的部分提供融資」，於1953年依據〈中小企業金融公庫法〉而設立。相對於國民金融公庫偏限於創業資金的小額放款，中小企業金融公庫則廣泛針對中小企業提供低利長期資金。

住宅金融公庫: 目的是「提供一般民眾營造健康且具文化氣息的生活而進行的房屋建設及土地取得整修所需的資金，對於銀行及一般金融機構不易融通的部分提供融資」，此機構設立於1950年。

五、郵政儲金及簡易保險

郵政儲金與簡易保險為郵政省經營的國營事業之一，透過設置在全國各地二萬四千個郵局網路提供全國人民日常生活所不可或缺的個人金融服務。

1.郵政儲金

1875年在十九個郵局展開了「儲金」服務，於是郵政儲金便正式在日本問世。不過，當時由於一般民眾尚缺乏儲蓄的習慣，業務開始之初，經營環境十分艱辛，甚至經過了二個月存戶還未滿1,000人。

1897年，新商品登場了。例如「郵票儲金」，只要到郵局拿一份郵政儲金申請表，在該表所規定的欄中貼上郵票，和存款簿一起交出去，便完成了存款手續。此外，還有為移居海外的人所設計的海外存款等。

在關東大地震中，沒有燒毀的郵局為了幫助受災戶，在地震後第2天就開始辦理郵政儲金的提領作業。對於遺失存款簿及印鑑的客戶，據說只要提出申請，一天一次，一次最多可以提領10日圓。相對地，一直到地震後第16天，銀行的窗口才重新營業。

定額儲金自1941年開始受理。為了強化國民的儲蓄習慣，當時便導入了存款期間愈長利率愈高的定額儲金。

雖然銀行等的分行大都集中在都市，但郵局卻在鄉鎮設立了許多分行。因此，對於民間金融機構的觸角無法深入的山間偏遠地帶（虧損地區）也可以安定的提供全國統一的儲蓄、匯款結算的服務，強化了個人金融領域。每一個人的存款上限為1,000萬日圓。

郵政儲金所吸收到的資金，便寄存在大藏省資金運用部，做為財

政投、融資的資金來源，投入住宅、道路建設、生活環境改善、甚至還包括海外經濟援助、景氣對策等的領域當中。

郵政儲金的中央機構為郵政省儲金局，從事事業的營運計劃、外匯的國際協定等與郵政儲金、郵政外匯、郵政轉帳相關法令的研擬、地方機構相關管理事務。負責指導、監督設置在各地郵局的機構便是地方郵政局，日本全國各地共設有十二處（沖繩稱為郵政管理事務所），各儲金部（沖繩稱為郵政事業部儲金課）負責企劃郵政儲金的募集等事宜。

在日本全國各地共設有二萬四千家郵局，分為普通郵局、特定郵局及簡易郵局三種。普通郵局係指在各地區規模較大，被稱為總局的郵局，日本全國約設有一千三百家。特定郵局是在街角常見的小郵局，約設有一萬八千二百家。簡易郵局是為了讓郵局的窗口服務普及全國，經郵政省委託在各地設置，辦理方式比照一般郵局。

2. 簡易保險

簡易保險在1916年正式登場，後來經過了10年，也就是1926年，郵政年金隨之登場。簡易保險、年金保險也和郵政事務、郵政儲金一樣，成為郵政省從事的國營事業之一，透過全國二萬四千個郵局網路，提供簡便的保險、年金服務。

簡易保險的特徵如下：①投保之前不需要進行體檢；②沒有職業的限制；③設有投保限額（保險部分，被保險人每一人在一定的條件下為1,300萬日圓；年金部分，被保險人每一人的第一年度限額為90萬日圓）；④由於是郵局承辦，因此在全國各地都可以輕鬆地辦理；⑤設有保戶福利設施，以增進保戶的福利。簡易保險的中央機構為郵政省簡易保險局。

第三章　金融機構提供的金融商品

一、銀　行

　　日本以往將金融機構分成銀行（普通銀行、長期信用銀行、信託銀行）、證券公司、保險公司三大體系。不同體系提供不同的金融商品。以下就簡單介紹各體系主要的金融商品（請參照《日經　金融商品総ガイド97》日本經濟新聞社，1996年，《オール貯蓄ガイド'97年度版》證券廣報中心）。現在存款利率已經完全自由化，同時存款期間的限制也被廢除。此外，有關各種利率的演變，請參照圖表5、6、7，有關日本、美國個人金融資產的持有狀況，請參照圖表8、9、10，有關稅制方面，請參照圖表11。

1. 支付存款

(1)活期儲蓄存款

　　活期儲蓄存款為可以自由提款和存款的「支付存款」，個人或是擁有暫時性盈餘資金的企業等主要都是利用此種存款方式。因為流動性高，所以和定期存款相比，利率相對較低。由於可以利用在公共費用等的自動轉帳、薪資、年金、紅利等的自動撥款等方面，因此是日常生活中相當方便的一種存款方式。自1994年10月17日以後，利率便開始走向自由化。

　　只要以1日圓（信託銀行為10日圓）以上為單位，隨時皆可存提款，提款之際，可以利用提款卡或是直接到銀行窗口辦理，但需要攜帶存摺和印章。

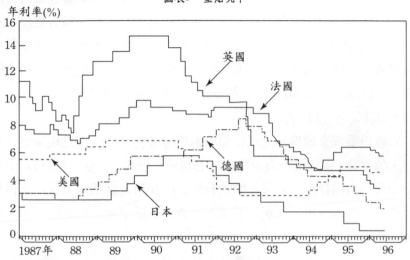

圖表5　重貼現率

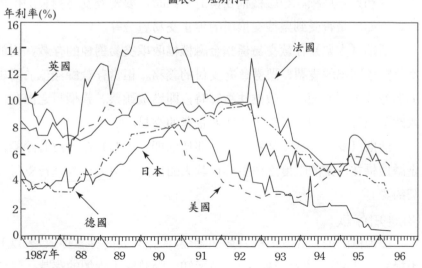

圖表6　短期利率

將活期儲蓄存款和定期存款組合起來，即使活期儲蓄存款沒有餘額，也可以將定期存款當作擔保，自動接受融資的便是綜合帳戶，自1972年開始辦理。相對地，在這個綜合帳戶當中加上活期儲蓄存款自動轉帳到定期存款之功能的便是Swing Service（存款自動高利轉存服務），此項服務自1981年起在都市銀行等機構開始辦理。

⑵活期（支票）存款

存戶委託金融機構兌現其開出的票券或支票，而將兌現所需資金存入的存款。主要是作為企業的結算帳戶來使用。只要以1日圓以上為單位即可自由提存，並可頻繁地利用，因此對金融機構而言，不但無法進行長期的運用，又加上需要手續費及手續繁複，因此自1944年以後，活期（支票）存款便改為無息。

企業與承辦的金融機構簽訂支票存款交易契約，向金融機構領取支票簿和票券用紙。金融機構在簽訂契約時，要審查交易對象的信用度，例如：是否受到票據交換所的停止交易處分等。

活期（支票）存款交易係指金融機構收取交易對象的存款，對於交易對象開出的支票、票券負有支付的義務。但當存款餘額低於開出的票券或支票面額，以致無法結算時，即造成跳票。六個月之內有二次跳票紀錄時，銀行可以中止與該企業的交易。

活期（支票）透支契約係指，即使活期（支票）存款沒有餘額，金融機構在一定的限度之內對於存款人開出的支票或票券進行支付的契約。

⑶通知存款

農漁協的通知存款則稱為通知儲金，係指只要將存款存放7天以上不提領（凍結），之後只要在2天前通知，隨時皆可提領的存款。最低存款單位全國銀行為5萬日圓，其他銀行為1,000日圓，但第二地銀為3

萬日圓， 其他也有以1萬日圓或5,000日圓為最低金額的金融機構。 至
於利率方面， 由各金融機構自行設定。

(4)納稅準備存款

　　這是以獎勵納稅為目的而設立的存款，以納稅為目的時， 利息原
則上不用課稅。雖然規定隨時皆可存款，但提領卻僅限於納稅。納稅
之外希望提領存款時， 適用活期儲蓄存款利率，存款利息成為就源分
離課稅的對象。不論個人或是法人皆可利用，存款單位為1日圓以上。
至於利率方面， 由各金融機構自行設定。

2.定期性存款

(1)定期存款

　　定期存款係指存款期間固定,至期前原則上不得提領的限期存款。
最低存款金額為100日圓，存款期間共分為3個月、6個月、1年、2年四
種。定期存款以在到期日之前存入為原則，但在到期之前解約時， 則
依照存入期間適用期限前解約利率（中途解約利率）計算利息。1年以
上10年以下的定期存款稱為中長期存款。

(2)超級定期

　　這是自由利率型定期存款，誕生於1991年，為存款額300萬日圓以
上、最早推出的自由利率金融商品。自1985年開始， 由於自由利率的
大額定期存款最低限額不斷降低， 因而衍生出這項商品。各金融機構
可配合資金調度成本自由設定利率,期間為1個月以上,並設定到期日,
存款單位原則上為1日圓以上。都市銀行等金融機構將300萬日元以上
的定存稱為「超級定期300」，設定的利率高於未滿300萬日圓的利率。

(3)指定日期定期存款

　　這是每年計算一次複利的存款，存款期間為1年以上。存戶可自由

設定存款期間。只要在1個月前向銀行通知，即可提領全額或一部分存款。雖然屬於定期存款，但在1年以內提領的話，視為中途解約；不過1年之後每天都是到期日，和活期儲蓄存款幾乎沒有什麼差別。存款金額從最低1日圓到300萬日圓。

⑷定期積存金

　　將一定金額的資金（每期繳納金）於一定期間定期積存，到期日可領取積存總額與給付補償金（相當於利息）的儲蓄商品。期間有6個月、1年、2年、3年、5年等，大都是以1～3年的期間為主。繳納金一般為月繳，金額最低為1,000日圓，超過部分以1,000日圓為單位。此為信用金庫、信用合作社、農業合作社的主力商品。

⑸零存整付定期存款

　　普通定期存款其存款日不同的話，到期日也不相同，而零存整付定期存款則是指，即使存款日不相同，但到期日時可當作一次的本息全部支付的定期存款。

⑹零存整付式定期存款

　　結合零存整付存款與定期存款的優點，只要在一開始時辦好手續，之後就不需耗費太多工夫即可進行儲蓄。而且，每一次的存款都是獨立的定期存款，因此，經過一定期間後不需將帳戶解約，而可以在必要時提領資金。

⑺機動利率定期存款

　　為利率每6個月變動一次的定期存款，期間在3年以內，存款金額以1日圓為單位。

3.其他存款

⑴外幣存款

　　這是由外匯銀行承辦，以外幣計價的自由利率存款。和日本國內的日圓存款一樣，包括活期存款、活期儲蓄存款、定期存款（1個月、3個月、6個月、1年四種）等。有關最低存款金額，活期存款與活期儲蓄存款為1貨幣單位（例如：1馬克）、定期存款為100貨幣單位（例如：100馬克）。因為是以外幣計價，所以會受到外匯波動的影響，在換算回日圓時，收到的金額會有大幅的變動。特別是到期時本息合計後很可能會出現低於本金的風險。為了規避這個風險，也可以配合到期日進行期貨交易，來確定以日圓計價的投資報酬率。

⑵儲蓄存款

　　自1992年6月起，政府和民間一同開始辦理。儲蓄存款可以同時享受到活期儲蓄存款的方便性和自由（非政府法定）利率定期存款的高利率，最常見的是10萬日圓型與30萬日圓型。也有的金融機構會限制免費提領存款的次數，超過規定次數時要收手續費。也有的都市銀行則提出提領免手續費，使存款單位更為多元化的優惠措施。雖然沒有自動收款、支付的結算功能，只能用專用存摺或是提款卡來提領存款，更不能組合到綜合帳戶中，就商品性而言，問題實在不少；但自1993年10月起開始推出與活期儲蓄存款之間可自動移轉資金的Swing Service，因而提高了方便性。

⑶可轉讓定期存單(CD)

　　一般稱為CD(Certificate of Deposit)或NCD (Negotiable Certificate of Deposit)，於1979年創設。為銀行發行的無記名存款證明書，與一般存款不同的特徵是，這種存款可以轉讓給第三者。雖然是定期存款，

但就可以轉讓給他人這點來看，其特性又和債券很類似。被許可從事存款業務的金融機構都可以發行CD，存續期間為2週以上5年以下。最低發行單位為5,000萬日圓，屬於大額存款，因此購買者大都是法人機構或地方公共團體。

4.債券發行銀行的金融商品

(1)貼現金融債

面額單位為1萬日圓，存續期間為1年，由採取預收相當於利息部分方式（貼現方式）的債券發行銀行所發行的債券。相當於利息的部分就源課徵18%的所得稅，和定期存款的20%相比，在稅制面上較為有利。發行銀行不同時，稱呼也有所不同。例如，日本興業銀行發行的貼現金融債稱為「貼現興業債券」，東京三菱銀行發行的貼現金融債則稱為「貼現東京三菱銀行債券」。

(2)附息金融債

這是七大債券發行機構（日本興業銀行、日本長期信用銀行、日本債券信用銀行、東京三菱銀行、商工合作社中央金庫、農林中央金庫、全國信用金庫聯合會）所發行的金融債。存續期間為2年和5年（東京三菱銀行債為3年與5年），為確定附息債券的總稱。發行機構每個月直接以個人為對象發售，對於交易對象的金融機構或企業則另外發行募集債。不同的發行機構各有不同的稱呼。以個人為對象發售的債券，面額為1萬日圓。

(3)Wide

一般的附息金融債每半年可領取一次利息，而相對地，Wide係指與附息金融債適用同樣的票面利率，以此為基準，利用半年複利方式來計算利息，在到期日（或中途解約時）一併收取本金和利息的附息

金融債。存續期間為5年，也可以中途解約（但1年以內原則上不得解約）。此項商品自1981年開始發售，到了1985年再附上綜合帳戶的功能，成為長期信用銀行在個人交易方面的主力金融商品。

5.信託銀行的金融商品

⑴基金信託

　　廣義而言，包括融資信託、年金信託、「財形」（財富累積）信託、證券投資信託，但一般說到基金信託，指的都是聯合運用指定基金信託、單獨運用指定基金信託、單獨運用特定基金信託等。

　　亦即把金錢當作信託財產交付給信託銀行等機構，這些機構將這筆資金投入在放款、票券貼現、有價證券、存款等方面，到了信託契約到期時，再配合信託金額、期間，將投資收益配息給受益者的信託。基金信託的特徵是期間及存款時期可由客戶自由設定。若是1年以上，則可自由設定到期日。存款金額最低為5,000日圓。

　　例如，聯合運用指定基金信託則被指定其受託基金必須投資在放款、有價證券等一定的範圍之內，聯合二戶以上的信託基金。此外，依據「本金的補償」契約，信託銀行必須保證委託人至少可領回本金。一般提到基金信託時，都是指融資信託之外的聯合運用指定基金信託。

⑵融資信託

　　為聯合運用指定基金信託的一種，但在戰後為了強化信託銀行的資金吸收力，根據〈融資信託法〉而得到認可。這是日本特有的信託，其他國家並沒有這種信託。融資信託係指由信託銀行發行受益憑證，將客戶交付的資金主要以長期融資的方式來運用，再將其運用收益依據本金照比例分配。信託的受益權為記名債權，依過去的法制規定，推動有價證券化並不容易。因此，便制定出〈融資信託法〉，將受益權

圖表7 各種金融商品的利率

主要窗口（存款保險對象商品）

商品	期間	窗口	利率	扣稅後
[流動性利率。依金融情勢等而有變更]				
儲蓄存款 10～100萬日圓		銀	0.250	0.200
100～300萬日圓		"	0.270	0.216
300～1000萬日圓		"	0.300	0.240
1000萬日圓以上		"	0.350	0.280
通知存款		"	0.20	0.16
活期性儲蓄存款		"	0.10	0.08
▼1年以下固定利率				
超級定期	1個月	銀、信	0.25	0.20
	3個月	"	0.25	0.20
	6個月	"	0.25	0.20
超級定期300	1個月	"	0.30	0.24
	3個月	"	0.30	0.24
	6個月	"	0.30	0.24
大額定期	1個月	銀	0.30	0.24
	3個月	"	0.35	0.28
	6個月	"	0.35	0.28
1年以上，3年以下				
超級定期	1年	銀、信	0.35	0.28
	2年	"	0.45	0.36
超級定期300	1年	"	0.40	0.32
	2年	"	0.50	0.40
大額定期	1年	"	0.45	0.36
	2年	"	0.55	0.44
財形住宅存款		銀	0.55	
指定日期定期存款	1年	"	0.30	0.24
	2年	"	0.40	0.32
3年以上，5年以下				
超級定期	3年	銀、信	※0.859	0.687
	4年	"	※0.914	0.731
超級定期300	3年	"	※0.910	0.728
	4年	"	※0.966	0.773
大額定期	3年	"	※0.950	0.760
	4年	"	1.000	0.800

新局商品

商品	期間		利率	扣稅後
流動性儲金				
儲蓄儲金	10萬日圓型		0.30	0.24
	30萬日圓型		0.25	0.20
一般儲金			0.25	0.20
定期性儲金	6個月	※	0.25	0.240
	1年	※	0.300	0.280
	2年	※	0.350	0.687
	3年	※	0.859	0.692
	5年	※	0.866	0.708
	10年	※	0.885	
新定期	1個月		0.30	0.24
	3個月		0.30	0.24
	6個月		0.35	0.28
	1年		0.45	0.36
	2年	※	0.911	0.728
	3年	※	0.966	0.772

其他的金融商品

商品	期間	窗口	利率	扣稅後
1年以下				
黃金儲蓄帳戶	1週	證	◇0.30	0.24
	1個月	"	◇0.35	0.28
	6個月	"	0.55	0.44
1年以上，3年以下				
貼現金融債	1年	長、證	0.502	0.411
黃金儲蓄帳戶	"	證、銀	◇0.70	0.56
抵押國債	"	銀、證	1.1	0.88
中期國債	2年	證、銀	◆1.000	0.800
3年以上，5年以下				
附息金融債	3年	東京三菱	1.000	0.800
High Jump	"	抵、銀、證	1.013	0.810
抵押證券	"	證	1.5	1.20

商品	期間	主要窗口	收益率	利率
指定日期定期	3年	銀	※0.401	0.321
5年以上，10年以下				
超級定期	5年	銀	※1.392	1.113
	7年	銀	※1.411	1.129
超級定期300	5年	銀,信	※1.445	1.156
	7年	銀,信	※1.466	1.173
大額定期	5年	銀	1.450	1.160
	7年	銀	1.450	1.160
10年以上				
超級定期	10年	銀	※1.670	1.336
超級定期300		銀,信	※1.728	1.382
		銀,信	※1.650	1.320
▼機動利率				
1年以上，3年以下				
基金信託	1年	信	0.25	0.20
	2年	信	0.40	0.32
鬆資信託		信	0.55	0.44
Big		信	0.55	0.44
3年以上				
機動利率定期	3年	銀	※0.402	0.321
機動利率定期300		銀	※0.452	0.362
基金信託		信	※0.503	0.402
鬆資信託	5年	信	0.78	0.62
		信	0.90	0.72
		信	0.91	0.73

（機動利率定期、機動利率定期300、機動利率定期1000的收益率為根據現行表面利率和的年平均預測收益率為）

商品	期間	主要窗口	預測	收益率
5年以上，10年以下				
貼現國債	5年	證,長,生	◆1.904	1.545
附息金融債			1.6	1.28
wide			1.660	1.328
			※2.141	1.712
10年以上				
長期國債	10年	證,生	※2.572	2.053
變額養老保險			※2.425	—
未規定滿期的商品				
Hit		證,信	0.529	0.423
Super Hit			■0.35	0.28
公債及公司債投信			■0.40	0.32
			■1.7	1.36
MMF		證	※0.662	0.529
短期公債及公司債投信	3個月		※1.015	0.812
	6個月		※1.018	0.815
	1年		※1.079	0.863

〔前週末比較〕
外幣的利率　債券
美元定期

美國債（每年計算2次複利，1999年5月31日償還 利率6.250%，購買單位最低1萬美元，超過部分以5,000美元為單位）

	期間		收益率
東京三菱	1個月		4.06250
	3個月		4.18750
	6個月		4.31250
美國債			5.38

註1：1997年7月22日，年，%，※為收益率，■為預測紅利（配息）率。

註2：以下都是代表性的案例。「主要窗口」一欄中的「銀」係指銀行（三和銀行）等，「長」係指長信銀，「證」係指證券公司（美國債券公司（三井信託銀行），「抵」係指抵押證券（日本抵押證券），「生」係指壽險公司（日本人壽保險，40歲男性，依據96年度決算紅利（配息）率。外幣存款為自動繼續型。MMF的收益率為7月15日～7月21日為止的平均，短期公債及公司債投信在6月23日決算。◇為7月24日為止。◆為7月22日為止。

資料來源：《日本經濟新聞》（1997年7月21日）。

有價證券化。

存款金額以1萬日圓為單位，期間分為2年和5年二種。可保證領回本金。

1981年開始了信託綜合帳戶服務，亦即將融資信託、活期儲蓄存款、公債、以及融資信託、公債為擔保的透支放款整合在一本存摺當中。就在同一年，便推出了收益到期受領融資信託(Big)。融資信託是委託者每半年受領一次利息，而Big則是將每半年的利息進行再投資，因此，收益率也相對提高。一口為1萬日圓，分為2年期和5年期。

⑶個人年金信託

係指利用基金信託或融資信託，將年金資金的提存到給付加以系統化的個人年金。可以依客戶的希望自由進行商品設計。零存整付金額一次必須超過5,000日圓，可保證領回本金。

⑷一個月固定型基金信託(Hit)

1985年正式登場，以往基金信託分為1年以上、2年以上、5年以上三種，在存款時設定期間，中途解約時必須支付手續費。但Hit並沒有這些限制，如果選擇每6個月複利計算時，在固定一個月之後，隨時都可以解約而不需要手續費。受託金額最低10萬日圓，超過部分以1萬日圓為單位，不保證領回本金。新一年固定型金錢信託稱為Super Hit。

二、證券公司（銀行、保險公司也可承辦投資信託）

1. 貨幣市場基金 (Money Market Fund, MMF)

這是證券界在1992年5月新發售的商品，以短期性債券為中心來運

用的公債及公司債投資信託。由於是依據操作績效來分配收益的績效
分配型商品，因此投資信託公司操作績效的好壞會影響到收益率的高
低。通常會提示最近一週的平均績效收益率，一般而言比銀行存款的
收益率較高。特別是在發售當時，由中期公債基金或是黃金儲蓄帳戶
移轉過來的案例很多。此外，由於是公債及公司債投資信託，雖然不
像股票等一般會有激烈的價格變動，但因為是投資信託，並不保證領
回本金。

　　MMF以無擔保隔夜拆款商品等來確保流動性，加入短期公債
(TB)、附息金融債，以及CD、CP等短期金融市場商品的比例最多可到
50%。存款金額最低10萬日圓，超過部分以1萬日圓為單位，但股票和
債券的賣出價款、債券與投資信託的利息、分配金、償還金則以1日圓
為單位。存款期間原則上必須超過30天，如欲提領必須在申請解約的
隔天才可領到款項。自1993年11月起，100萬日圓以下可以立刻兌現。

2. 中期公債基金

　　這是證券公司為了與銀行一樣提供客戶短期的資金運用手段，而
在1980年推出的短期性投資信託。將基金當中的30%以上投資2～4年
的中期公債，剩餘的部分投資在5年期的附息金融債及拆款、票券市場
中。

　　最低存入金額為10萬日圓，超過部分以1萬日圓為單位，股票與債
券的賣出價款、債券與投資信託的利息、分配金、償還金則以1日圓為
單位。存入期間原則上必須在30天以上。此外，如欲提領，必須在申
請解約的隔天，才可領到款項。自1993年11月起，100萬日圓以下可以
立刻兌現。這是少數採用預測分配率方式，可提示實際上確定收益率
的金融商品。

3.長期公債基金(Top)

　　於1986年登場。這是以長期公債為中心，投資國內外公債及公司債的投資信託。由於是依據操作績效來分配收益的績效分配型，依投資信託公司的操作績效而有不同的收益率。每單位為1萬日圓，五年到期。

4.公債及公司債投資信託

　　這是1961年為了促進個人購買公債及公司債，擴大公債及公司債市場，同時為了提供客戶高收益率的金融商品而導入，以投資國債、地方債、電力債等安全性高的公債及公司債為主的投資信託。採取預測分配率方式，申購單位通常自1萬日圓起；採取積存方式時，3,000～5,000日圓左右起便可投資。無償還期限，原則上沒有期間的限制。

5.股票投資信託

　　投資標的包含股票的投資信託，即稱為股票投資信託。以股票與公債及公司債為主要的投資標的，股票方面以績優股為主，但股價和公債及公司債的價格若有變動，投資信託的市價（基準價格）也會有所變動。申購單位通常為1萬日圓，存款、運用期間以4～5年為主，但最近有愈來愈多樣化的趨勢。

　　以股票上漲獲利為目標，對股票的組合比率不設限制的稱為成長型；以一流企業的股票為主，將股票的組合比率設在50%以下，其餘的投資公債及公司債等稱為安定型，介於以上二種類型的中間則稱為安定成長型。

圖表8　日、美個人金融資產的差異

—餘　額—

（美　國）

（單位：10億美元）

	1980年 (A)	1995年 (B)	(B/A, 倍)
金融資產合計	6,399	20,842	3.3
存　款	1,563	3,565	2.3
債　券	477	2,011	4.2
股　票	975	4,166	4.3
投資信託	46	1,265	27.7
壽　險	216	547	2.5
年金基金	949	5,427	5.7
其　他	2,172	3,862	1.8

（日　本）

（單位：兆日圓）

	1980年	1995年	(B/A, 倍)
金融資產合計	347	1,120	3.2
存　款	206	590	2.9
債　券	7	40	5.7
股　票	25	64	2.5
投資信託	5	29	5.6
保　險	45	283	6.3
信　託	21	80	3.9
其　他	38	33	0.9

—佔有率(%)—

（美　國）

	1980年 (A)	1995年 (B)	(B−A)
金融資產合計	100.0	100.0	—
存　款	24.4	17.1	−7.3
債　券	7.5	9.6	2.2
股　票	15.2	20.0	4.7
投資信託	0.7	6.1	5.4
壽　險	3.4	2.6	−0.8
年金基金	14.8	26.0	11.2
其　他	34.0	18.5	−15.4

（日　本）

	1980年 (A)	1995年 (B)	(B−A)
金融資產合計	100.0	100.0	—
存　款	59.3	52.7	−6.7
債　券	2.0	3.6	1.6
股　票	7.3	5.7	−1.6
投資信託	1.5	2.6	1.1
保　險	13.0	25.3	12.3
信　託	5.9	7.1	1.2
其　他	10.8	2.9	−7.9

資料：Board of Governors of the Federal Reserve System "Flow of Funds Accounts of the United States".

　　　日本銀行〈資金循環勘定〉。

資料來源：東海銀行《調查月報》(1997年5月號)。

6. 開放式股票投資信託

股票投資信託分為在最初設定的信託財產中可進行資金的追加募集與設定的開放式(Open)，以及不可進行資金的追加募集與設定的封閉式(Close Unit)。開放式股票投資信託係指在資金運用開始後可以依需要向投資人募集新資金的投資信託。購買單位在設定之初為1萬日圓，償還期限大都沒有限制，也可以自由兌現。股票組合比率以未設限制的情形居多，可以期待大幅的升值，但相反地，行情低迷時基準價格也會大幅暴跌。

7. 封閉式新基金

操作期間分為2年或8年（實際上以4年居多）的封閉式股票投資信託。因為是封閉式，所以自設定日起一定期間之內（大部分規定為2年）原則上不得兌現，這段期間稱為閉鎖(Closed)期間。此外，可以購買的期間只限在規定的募集期間，購買單位為1萬日圓。依據國內外股票、債券、轉換公司債等不同的組合方式，分為成長型、安定成長型、安定型、對國內股票分散投資的普通股票型、將投資重點放在特定產業的產業重點型、以及與股價指數連動的指數(Index)型等。

8. 家族基金（雨傘基金）

證券公司等將向客戶募集到的資金匯集成一筆龐大的資金，交由投資信託公司來運用，再將其操作績效分配給客戶，分為好幾種方式。

Unit方式於1951年登場，每個月募集、設定相同種類的投信。Family方式於1970年登場，為了在基金的運用、管理上達到合理化，將每月設定的投信所募集到的資金當作母基金(Mother Fund)來運用。而客

戶申請的是稱為子基金(Baby Fund)。　運用對象有股票和公債及公司債，但股票的組合比率佔信託財產的70%以下，另外30%以上則是安定性較高的公債及公司債，屬於安定成長型。

　　申購單位一張為1萬日圓，一張1日圓的項目必須以1萬股為單位。信託期間為5年，原則上股票型自設定日起2年，公債型自設定日起3年內不得解約。

9.利息基金

　　為保管的公共債之利息專用的投資信託。可以1日圓為單位來存入，利息存入後第30天起才可以解約。

10.Million（員工提存投資計劃）

　　1987年登場的員工提存投資計劃為開放式股票投資信託。於購買之際，任職的企業或機構必須和證券公司等簽訂契約。購買金額一般最低5000日圓，超過部分以1日圓為單位。投資期間沒有限制，可以在中途變更購買金額。

11.日經300投資信託

　　這是為了讓操作績效隨著「日經股價指數300」（以在東京證券交易所上市的主要300家公司為基礎算出的指數）連動而設定的投資信託。在證券交易所上市，和股票一樣依據供給和需求來決定買賣價格。交易單位為1,000口，手續費和股票買賣適用同等費率。

12.衍生性金融商品投資信託

　　自1995年1月起可以在投資信託當中自由投資股價指數期貨、選擇

圖表9　日本家計中金融收支比率偏低（GDP比）

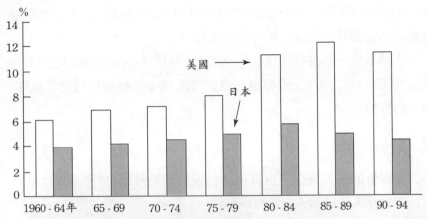

資料：美國商務省"Survey of Current Business".
　　　經濟企劃廳《國民經濟計算年報》
資料來源：東海銀行《調查月報》（1997年6月號）

圖表10　日本家計部門中金融資產收益率偏低

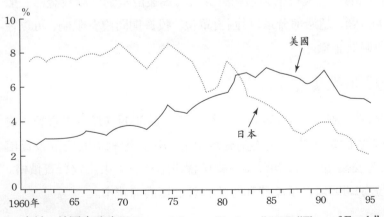

資料：美國商務省"Survey of Current Business" FRB "Flow of Funds"
　　　經濟企劃廳《國民經濟計算年報》、日本銀行《資金循環勘定》。
資料來源：同圖表9。

權等衍生性金融商品(derivatives)。以往投資信託中投資衍生性金融商品只限定在規避資產價值下跌而造成損失時，甚至有的投資信託因為投資衍生性金融商品，在股價等下跌時，反而提高了操作績效。此種投信的原理和一般的投資信託相同。

13.外國投資信託

這是以外國證券為投資標的，設籍在國外的外幣計價投資信託。雖然以外幣計價會有匯率變動的風險，但由於進行國際分散投資，故可減輕風險。此種投資信託分為以下二種類型，除了日本投資信託的型態「契約型」之外，尚有一種是「公司型」。公司型係指設立以證券為目的的公司，投資人即為該公司的股東，除了可以得到依據操作績效而分配到的利益之外，同時還可以回收股價（將公司的純資產以股數來除的基準價格）上漲所產生的利益。以投資美國、日本、進行整合的歐盟為主，最近亞洲的資本市場也成為投資標的而受到注目。

14.日圓計價外債

海外的發行單位為了調度日圓資金而在日本以日圓計價發行的債券。最低10萬日圓，超過部分以10萬日圓為單位。期間、收益率等發行條件於購買時決定。

15.無息債券(Zero Coupon Bond)

這是票面利率（息票）為零的債券，在海外發行的長期外幣計價的貼現債。

16.市價發行股票

　　和普通股票一樣，任何人都可以購買。不過有關手續費的部分，由於進行市價發行的發行單位會支付給證券公司，所以不需要支付。在發行價格方面，為了因應發行期間中的價格變動，因此設定在較市場價格低數個百分比的水準。

17.上櫃股票

　　受到日本證券業協會的認可，可以在證券公司的店頭買賣的股票稱為上櫃股票。能夠在這裏交易即稱為上櫃。相對交易為其原則，日本店頭證券扮演著類似交易所的角色。

18.股票累計投資

　　證券公司募集投資人，一起買進同一種（支）股票，繳納金額每一種股票10,000日圓以上，當購買股數達到單位股時，投資人即由原證券公司變更名義，而成為正式的股東。

19.股票迷你投資

　　一般的股票投資只能以單位股來進行交易。50日圓面額的股票必須以1,000股為單位來買賣。可以用100股為單位來買賣的投資即稱為股票迷你投資。證券公司再一併以單位股來進行交易。未滿1單位的零股則由證券公司來承購。

20.外國股票

　　買賣外國股票時，必須在證券公司開設外國證券交易帳戶。分為

投資海外市場的股票，與投資在東京證券交易所外國部上市的股票等方法。　在1991年大阪證券交易所上市的Country Fund為投資特定國家與地區之有價證券的公司型投資信託，但在日本國內交易時，則當作外國股票來處理。

21.公司債

　　此為民間企業為了調度設備投資資金與長期周轉資金而發行的債務證券。為了與金融機構發行的金融債有所區隔，特將企業公司發行的企業債稱為公司債。至於利率等發行條件則參考評等機構做出的評等來決定。期間從2年～20年，相當多樣化，購買單位最低10萬日圓，超過部分以10萬日圓為單位。利息一年支付二次。如欲在中途兌現，可以市場價格賣出。

22.可轉換公司債

　　係指以公司債的型態來發行，能夠在一定的期間以事先決定的轉換價格來轉換為股票的債券。也可以公司債的型態持有到償還日。所謂轉換價格係指轉換公司債可以一股多少錢來換成股票的價格，以轉換公司債發行之前的股價為基礎來決定。申購單位面額有10萬日圓、50萬日圓、100萬日圓。假設以轉換價格1,000日圓來購買100萬日圓的轉換公司債的話，可以轉換成1,000股的股票（100萬日圓/1000日圓）。如果股價上漲到1,200日圓的話，包含稅金及手續費等可以獲利20萬日圓。如欲在中途兌現，可以市場價格賣出。

　　將股票的市價除以轉換價格再乘上100得出的值稱為Parity價格（理論價格）。假設股價為220日圓，轉換價格為200日圓的話，則理論價格為110日圓。如果在轉換公司債的市場價格低於110日圓時購買此

公司債，則轉換成股票賣出，即可獲利。

23.認股權證(Warrant)

可以用一定價格（行使價格）買進發行公司新股的權利即稱為認股權證。這是將附有認股權證的債券當中的公司債部分分攤的結果。行使期間（4年為主）若股價沒有超過行使價格，則形同廢紙一般，為一項高風險商品。因此，必須製作一份確認書來明確表示證券公司與投資人的權利義務。在日本可以投資的幾乎都是以美元計價者，因此必須開立外國證券交易帳戶。

24.黃金儲蓄帳戶(Super Gold)

於1984年推出，是利用黃金的期貨價格通常都會超過現貨價格特性的金融商品。可以藉由期貨合約來確保較高的確定收益率。申購單位最低10萬日圓，超過部分以1萬日圓為單位，期間分為1個月、2個月、3個月、1年以及以1週為單位的自動繼續型。此外，不可以中途解約。

25.股票選擇權交易

1997年7月，東京、大阪兩個證券交易所正式展開各二十種個股的選擇權交易，係指對於個股可以用事先決定的價格（權利行使價格）來賣出的權利（Put Option：賣權）或買進的權利（Call Option：買權）。買方的損失只限定在手續費（權利金），而賣方的損失則受股價變動的影響，因此屬於一種高風險性的交易。

三、銀行與證券公司

1.證券Sweep Account

於1984年同意發售，為組合活期儲蓄存款與中期公債基金的商品。客戶的活期儲蓄存款帳戶的餘額以30萬日圓為基準，如果超過10萬日圓，則將其超過金額以1萬日圓為單位，自動從帳戶中扣除，轉為中期公債基金來投資操作。相反地，活期儲蓄存款帳戶的餘額低於30萬日圓時，便將中期公債基金解約來補差額。

2.附息公債

正式名稱為附息國債。存續期間超過10年者為超長期公債，6年與10年者為長期公債，2年、4年者為中期公債。由於國家發行的債券由國家保證支付本金與利息，因此信用度很高。面額為5萬日圓，券種分為5萬日圓、10萬日圓、100萬日圓、1,000萬日圓、1億日圓、10億日圓（中期公債最多為1億日圓）六種。一年支付二次利息。自1983年起，依據〈新銀行法〉的規定，銀行開始了公債的窗口銷售。自1988年起，郵局與壽險公司率先許可銷售公債，1989年起，產險公司也陸續跟進。如欲中途兌現，可將公債以市場價格賣出。

3.貼現公債

正式名稱為貼現國債。5年到期，以面額扣除相當於利息的部分而得出的價格（貼現）來發行。到期日可以面額支領。最低購買價格為5萬日圓。

4.短期公債

正式名稱為貼現短期國債，也稱為TB (Treasury–Bill)。期間在1年之內，交易單位為1,000萬日圓的整數倍。可取得此種債券的僅限上市公司等法人，不可進行客戶間的直接買賣。

四、郵　局

1.一般儲金

不論在哪裏的郵局都可以自由進行存提款的一般儲金。除了各種「財形」儲金與住宅零存整付儲金之外，與其他的郵政儲金合計，存款限額為1000萬日圓。存入金額最低為10日圓。1981年開始導入與銀行的綜合帳戶相同功能的郵政儲金綜合帳戶。

2.國際慈善儲金

為一般儲金的一種類型。但存款人要將一般儲金扣稅後利息的20%捐出，郵政省便將此筆捐款匯集起來分配給在開發中國家活動的民間義工團體。除了利息的一部分會自動轉成捐款之外，其餘功能均和一般儲金相同。

3.定額儲金

採用半年複利方式，超過半年的凍結期間後，隨時均可提領。存入金額最低1,000日圓，超過部分以1,000日圓為單位，存款期間最長10年。自1993年6月起變更為市場利率浮動方式。

4.新定期

　　這是郵政儲金當中首度推出的自由利率型定期郵政儲金。期間為3個月以上，3年以下，以1個月為單位，可由客戶自行設定。存入金額最低300萬日圓，超過部分以1,000日圓為單位。

5.零存整付儲金

　　此為每個月存入一定金額的儲金。存款期間為1個月到3年，以3個月為單位，一次的存款金額最少為1,000日圓，超過部分以100日圓為單位。原則上郵局的職員會來收款。

6.一般儲蓄存款

　　於1992年推出，與銀行的儲蓄存款相同。

7.住宅零存整付儲金

　　以住宅的建設、購買、改裝為目的，每月存入一定的金額，到期後在郵政省的協調下，可以向住宅金融公庫融資住宅資金的儲金。存款期間從1年到5年，以月為單位來設定，每個月的存款金額最少為5,000日圓，超過部分以1,000日圓為單位，可自由選擇。

8.教育零存整付儲金

　　以準備教育資金為目的，每個月存入一定的金額，到期後在郵政省的協調之下，可以向國民金融公庫申請與提存金額同額的融資。每個月的提存金額最低1萬日圓，超過部分以5,000日圓為單位。

9.簡易保險

簡易保險分為年金商品和保險商品。年金商品過去被稱為郵政年金，自1992年起被歸為簡易保險中的年金保險。包括終身年金保險、夫婦年金保險及定期年金保險。

終身年金保險為避免實際領到的年金因通貨膨脹等而貶值，採取年金額逐年遞增的作法。夫婦年金保險的結構和終身年金保險相同，但夫婦一起投保時，只要有任何一方仍健在，即可以領取二人份的年金。

定期年金保險只有5年期及10年期二種,每年可領取同樣金額的年金。

保險商品由於任何人都可以輕鬆的購買,因而被稱為簡易保險(簡保)。其他尚有兼具保障與儲蓄功能的養老保險、可保障一生的終身保險、配合子女成長的學費保險、支付臥病在床老人看護費用的看護保險（銀髮族保險）等各種保險。

10.幸福保險

此為自1991年推出的附終身年金保險之終身保險。除了在身故時可領到保險金之外，到達受領年金之年齡時，在生存期間可以受領年金。保證期間為年金開始受領後15年。

五、人壽保險公司

1. 養老保險（躉繳養老保險）

被保險人身故時，可領取保險金與身故之前累積的紅利，而在到期時仍健在者，也可領到與身故時同額的保險金與到期之前所累積的紅利。

2. 變額保險

為1986年開始發售的保險，壽險公司將保戶交付的保費以有別於一般保險的方式運用，並將其操作績效反映在保險金與解約金上。

3. 定期保險

只限保障身故或重度傷殘時的保險，沒有到期金。

4. 終身保險

保費支付期滿後，仍可獲得終身保障的保險。

5. 子女保險

配合子女的升學，可以領到祝賀金。要保人（通常為父母）身故時，之後的保費支付可以免除，同時每年還可領到養育年金。

6. 個人年金保險

年金可以一直領到身故為止，而且為了避免實際領到的年金因通

貨膨脹等而貶值，故採取年金額逐年遞增的作法，此為增值型年金。年金額也有幾乎固定；附有保障期間，通常為10年。

六、產物保險公司

1.儲蓄型家庭交通意外險

交通事故意外險的適用範圍不只投保人本人，甚至擴展到其家人和同居親屬，這是沒有到期金的家庭交通意外險，而且是儲蓄型的產險商品。

2.儲蓄型普通意外險、儲蓄型家庭意外險

這是將沒有到期金型的意外險改為儲蓄型，再附加儲蓄功能的保險。到期時可領到到期金與紅利。

3.儲蓄型綜合險

組合火災保險、家庭意外險、賠償責任保險，為保障範圍廣泛的保險。將以往最長為10年的保險期間延長為20年，原本為期1年的到期金存放期間改為5年，到期金的分期提領期間由10年延長為20年。自保費開始支付到到期金的分期提領終了為止合計最長為45年，具有個人年金的功能。

七、其 他

1.抵押證券

　　這是企業和個人為了抵押不動產，向一般投資人調度資金而發行的一種有價證券。將不動產設定抵押權，抵押證券公司向法務局取得發行抵押證券的權利，但並不發行抵押證券，而是發行保證本金和利息的抵押證券買賣約定書（Mortgage證）。期間分為1年、2年、3年等。購買單位則有每股50日圓與100日圓等方式。欲兌現時，抵押證券公司隨時可以受理，但需要支付解約手續費。

2.「財形」（財富累積）儲蓄

　　對於和任職公司簽約的金融機構推出以累積財富為目的之一般財形商品，從每個月的薪資或獎金中預先扣除後提存的作法即為一般財形儲蓄。這種財形商品並沒有限制存款金額，儲蓄目的也很自由，預先扣除之外的存款方式原則上不被允許。存款期間必須超過3年以上，存款單位為1,000日圓。 簽約的金融機構推出的商品包括一般財形存款、一般財形金融債儲蓄、一般財形信託、證券型一般財形儲蓄、郵政儲金一般財形儲蓄、財形儲蓄提存保險、財形儲蓄意外險等。

　　以住宅的取得或增改建為目的的稱為住宅財形儲蓄。未滿55歲的勞工階級可以利用，但每個人只能從所有金融機構擇其一家訂定一份契約，簽約的金融機構推出的商品同前段所述。

　　以提領年金為目的的便是年金財形儲蓄。未滿55歲的勞工階級可以利用，但每個人只能從所有金融機構擇其一家訂定一份契約，簽約

圖表11　主要金融商品的利息所得相關稅制

(1)利息所得等課稅制度的概要

		稅　率	免稅制度
存款儲金	活期儲蓄存款 儲蓄存款 通知存款 超級定期 指定日期定期儲金 郵政儲金	一律20% 就源分離課稅	對老人等採取免稅制度
	大額定期儲金 定期提存金		並未採取免稅制度
	納稅準備存款	免　稅	
信託公債及公司債投信	基金信託 融資信託 公債及公司債投資信託	一律20% 就源分離課稅	對老人等採取免稅制度
債　券	附息公債及公司債		
	貼現債	18% 就源分離課稅	
保　險	躉繳 { 養老保險 產險 (5年以下)	一律20% 就源分離課稅	對老人等並未採取免稅制度
其　他	黃金儲蓄帳戶		
財形商品 (財富累積)	財形儲蓄		
	財形年金儲蓄 財形住宅儲蓄		採取免稅制度
股　票	1種,每年10萬日圓以下的紅利	20% 就源分離課稅	並無採取免稅制(不過,有關股票配股,有配股稅額扣除制度*)
	1種,每年10萬圓以上50萬日圓下的紅利,且持有股票比率5%以下	綜合課稅或就源徵收分離課稅制度(稅率35%)的選擇制度	
	其　他	綜合課稅	
股票投資信託		20% 就源分離課稅	對老人等採取免稅制度

＊有關配股稅額扣除制度如下所示:
　課稅總所得1,000萬日圓以下的部分……10%
　課稅總所得超過1,000萬日圓的部分…… 5%

(2)利息所得等免稅額度的明細

		民　間	郵　局
老人等的少額儲蓄免稅	①一般商品	350萬日圓*1	
	②公債等	350萬日圓*2	
③老人等的郵政儲金免稅			350萬日圓*3
財形儲蓄	④年　金		550萬日圓*4
	⑤住　宅		

＊1 可以轉用為②的額度。
＊2 民間、郵局合計為350萬日圓。
＊3 不可轉用為②的額度。因此，對於公債免稅額度的最高限度為700萬日圓
　　（①+②）。
＊4 ④、⑤的共通額度（不過，必須以5年以上的定期存款、零存整付存款為條
　　件）。此外，④單獨的場合，郵政儲金、壽險、產險、生命共濟、簡易保險
　　等的存款金額必須在385萬日圓以內。
資料來源：同圖表1。

的金融機構推出的商品同前段所述。原則上60歲以後只可以用年金的
型態來提領，與住宅財形合計， 550萬日圓以下時不需要課稅。

第四章　今後金融機構的展望

一、金融機構的破產與救濟

1.銀行對關係證券公司的救濟措施

1993年8月,大藏省對於在表外交易(Off-balance)中約損失700億日圓而陷入經營危機的COSMO證券發表了以下救濟措施,允許其主要交易銀行「大和銀行」承接該證券公司的現金增資股來購併該公司。

〈金融制度改革法〉中同意銀行設立證券子公司來從事公司債的承銷業務等,但股票的經紀商業務卻不被認可。不過,〈金融制度改革法〉中卻破例同意銀行可以救濟證券公司。而且還同意在銀行救濟現存的證券公司,取得過半數股票時,可以繼續從事股票的經紀商業務。

此時,該證券公司必須接受〈證券交易法〉中規定的財務內容改善命令。依據該條款,大藏省在同意購併COSMO證券的同時,也發出財務改善的命令。

大藏省之所以破例同意上述破例措施是基於下列理由:

· COSMO證券保管的股票和投資信託超過二十五萬個帳戶,倘若坐視此經營危機不管,勢必造成金融的混亂。

· 必須確保關係企業共26,000名員工的就業。

· 在目前的經濟情勢、證券市場的狀況下,有必要確保人民對證券市場安定的信心。

此外,勸角證券為了不讓貶值的有價證券的未實現損失浮上檯面,因此,在決算前將該公司的證券轉賣給決算期較晚的企業,由於這種「轉嫁」行為,使得該證券公司在1994年3月期決算中提列了500億日圓的損失。在從事「轉嫁」行為時,如果股價不回昇,而向最後承接

這些股票的公司買回股票，即可彌補虧損，不過，這卻違反了〈證券交易法〉。

勸角證券除了上述虧損之外，尚包括期貨的未實現損失和外國債券的匯兌差損等，合計約達770億日圓。因此，主要交易銀行第一勸業銀行便承接償還優先順位較低的無擔保借款「劣後貸款」(Subordinated loan)700億日圓，以規避自有資本管制比率的惡化。這是因為損失低於自有資本的緣故。

2.平成金融恐慌的第一波

在1994年12月9日被新聞媒體揭露出來之前，其存在幾乎不為人知的二個信用合作社（東京協和信用合作社、安全信用合作社）接受「救濟」一事引起金融界一陣軒然大波。為了處理這二家信用合作社約六成（約1100億日圓）無法回收的放款問題，日本銀行和民間銀行共同出資設立了「東京共同銀行」來承接這二家信用合作社的業務。日本銀行對東京共同銀行採行了舊〈日銀法〉第25條來出資救濟這二家信用合作社。這是自1965年證券恐慌之後第二次採行此條款。

之後，隨著這二家信用合作社不當經營的情形攤在陽光之下後，人們便開始強烈批判為何要「救濟」這樣的公司？為何要動用公營資金（日本銀行出資200億日圓，東京都低利融資300億日圓）？會遭到這樣的質疑是理所當然的。因為只要是金融機構，無論如何不當地經營，最後都會被「救濟」，如此一來，還會有哪一家公司願意認真投入經營呢？

於是從1995年7月一直到8月，平成金融恐慌的第一波達到了頂點。

1995年7月31日，COSMO信用合作社（總公司・東京都）經營不善的真相曝光。COSMO信用合作社在泡沫經濟時代以轉換成普通銀

行為目標，積極吸收高利率存款。為了支付高利息而擴展風險高的不動產融資，但因為泡沫經濟的崩潰而背負了龐大的不良債權。到了5月時，健全債權只剩下1,340億日圓，不良債權竟高達2,540億日圓。

　　這種經營不善的狀況被新聞媒體揭露出來後，便湧進了大批擠兌人潮，光是7月31日一天就流出了730億日圓的存款。於是日本銀行又發動了舊〈日銀法〉第25條，對於COSMO信用合作社進行特別融資（亦即「日銀特融」），提供兌現所需的資金。其直接監督當局「東京都」在31日晚間對COSMO信用合作社發佈了業務停止命令，內容為停止從事吸收新存款等部分業務。

　　就在同年8月30日，傳出存款量居信用合作社之首的木津信用合作社（總公司‧大阪市）擁有不良債權約8,000億日圓，陷入經營危機的消息。於是大阪府也發佈了業務停止命令，內容為停止吸收新存款與辦理放款等部分業務。幾乎在同時，由於存款量居第二地方銀行之首的兵庫銀行陷入自主重整困難的狀態，因此大藏省與日本銀行便公佈了一項決定，打算設立新銀行來承接並清算兵庫銀行的事業。

3.擠兌效應的波及

　　木津信用合作社的例子，是以1994年12月東京協和、安全信用合作社的經營不善為導火線，而受到接二連三擠兌效應的波及。以大額存款來說，1995年2月共流出了225億日圓，3月流出了614億日圓。而在COSMO信用合作社接到業務停止命令之後，接連二天共流出了20億到30億日圓的存款。8月28日，東京都知事（行政首長）要求對COS-MO信用合作社超過1,000萬日圓的存戶自主性降低利率。受此影響，8月29日，以大額存款來說，共流出了480億日圓，木津信用合作社已經完全失去支付能力。一直到30日的上午，存款依然持續流出，到了

下午，又傳出大阪府發佈了業務停止命令的消息，更激起存戶的不安，紛紛衝向窗口，產生更嚴重的擠兌風潮。

因此，日本銀行於8月31日，依據舊〈日銀法〉第25條實施了特別融資。由於全國信用合作社聯合會的無擔保融資金額太過龐大，為了減輕其負擔，特別將31日融資的一部分轉為日銀特融。

另一方面，兵庫銀行的情形由大藏省特別派遣前銀行局長坐鎮進行重整，但結果不良債權還是高達1兆5000億日圓，不可能回收的損失達7900億日圓，因此便放棄自主重整。在兵庫銀行發生經營不善時，日本銀行於8月31日依據舊〈日銀法〉第25條，實施了特別融資。

當木津信用合作社發生經營不善之際，有關子公司木津信抵押證券公司的抵押證券，木津信用合作社以相當於本金約85%的85億日圓將其買回，在償還顧客時產生的損失也一併處理(《日本經濟新聞》1997年2月15日)。

4.都銀的合併與銀行救濟

都市銀行中名列前茅的三菱銀行與舊外匯專門銀行的東京銀行在1996年4月進行對等合併。這是因為1992年施行了〈金融制度改革法〉(合併轉換法)之後，舊外匯專門銀行可經由合併轉換為普通銀行。

經由合併，三菱銀行可以從事其他都市銀行所沒有的業務，也就是金融債的發行與買賣。依據〈金融制度改革法〉的規定，即使外匯專門銀行經由合併轉換為普通銀行，但「暫時」還是可以發行金融債。其結果使得舊東京銀行的分行與新銀行的總公司可以進行金融債的銷售。雖然有附帶條件，但同意一部分的都市銀行發行金融債，足見金融行政朝三暮四缺乏一貫性。

三菱銀行一直以來都很積極致力於擴大金融業務。其一為日本信

託銀行的子公司化。1994年10月藉由三菱銀行的調查，日本信託銀行回收困難的不良債權金額竟高達5000億日圓，決算處理之後發現共損失了2,000億日圓左右。因此，三菱銀行決定將日本信託銀行當作信託子公司來進行重整，承接日本信託銀行的現金增資股，總共投入了2000億日圓。

　　其次是在1994年11月設立了三菱Diamond證券，正式踏出參與證券業務的第一步。

　　如上所述，新銀行有強大的國內銀行部門與國際部門，集團內有從事全面性信託業務的日本信託銀行與證券子公司「三菱Diamond證券」，衍生出日本前所未有的新型態銀行。話雖如此，自譽為國際業務經驗最為老道的外匯專門銀行「東京銀行」，與自負為名門銀行的「三菱銀行」在合併之後，要發揮相乘效果並擴大業務，或許並非易事。

5.住專問題

　　銀行等金融機構自1971年以後相繼設立住宅金融專門公司（住專）。

　　銀行等金融機構之所以要設立住專是因為房屋貸款不但小額，而且事務相當繁複，此外，辦理房貸事務需要具備有關評估土地、建築物等擔保的專業知識與經驗。不過，其實最重要的是可以確保大藏省空降部隊的職位。

　　住專屬於非銀行(Nonbank)的一般金融機構，不可從事吸收存款的業務，因此，資金調度大都是向金融機構進行中長期貸款。以往主要是由設立母銀行，負責融資給住專。但到了泡沫經濟時期，來自農林中央金庫、信用農業合作社聯合會、共濟農業合作社聯合會的融資顯著的增加。

這是因為1990年大藏省與農水省將都、道、府、縣的信用農業合作社聯合會對住專的融資認定是對金融機構的融資。以往信用農業合作社聯合會對合作社社員以外的融資規定必須限制在對社員融資的20％以下，但對金融機構的融資卻沒有限制，因此才會一頭栽進對住專的融資。銀行和農協金融機構為了規避自1990年開始施行的不動產融資管制，因而利用住專來持續不動產融資。

　　住專問題日趨嚴重的導因在於，進入1980年代後，銀行開始投入以個人為對象的房貸市場，住專只好在原本業務之外也擴大以法人為對象的業務。另一方面，住專往往不仔細審查就大量融資給被一般銀行列為黑名單的對象。因為銀行擴大住宅金融業務而使得設立當初的情況產生了變化，如此一來，住專就失去了存在意義，勢必得進行重整才行。

　　當然，如果地價高漲的話，就不會產生任何問題。對農協金融機構而言，住專也是非常有利的資金運用對象，而且背後又有母體銀行在撐腰，相當安全。因此，便積極提供資金給住專。此外，對於銀行無法直接融資的問題企業便透過住專來進行融資的案例也為數不少。結果造成泡沫經濟擴大，並促使地價暴漲。

　　到了泡沫經濟崩潰，住專經營不善日趨嚴重的階段，有部分母體銀行主張清算住專，但硬塞空降部隊的大藏省由於害怕被追究責任，便故意拖延問題的解決時間，使得不良債權問題愈發不可收拾。

　　1996年，為了處理住專所擁有的不良債權，因而動用了稅金。這種作法引起人民強烈的批判。投入民脂民膏來替民間事業的失敗收拾殘局，當然會招致民怨。結果雖然銀行等金融機構放棄債權來償還，但為了救濟行使政治力抗拒到底的農協還是支出了高達6,850億日圓的稅金。

住專問題可以說涵蓋了日本所有的金融問題：①大藏省只是把住專視為空降部隊的收容所，不承認是自己政策的失敗；②銀行身為設立母體而放棄了融資債權，就以為這樣應該沒有問題了；③農協金融機構認為住專既然有母銀行當靠山就可以進行融資，完全沒有身為金融機構該有的自覺；④住專不仔細審查，就融資給問題很多的客戶；⑤借款者認為地價暴跌誰也無法預料，所以也不償還，而悠哉的開著賓士到處玩。

1996年7月，民間金融機構與日本銀行提供財源設立新金融安定基金（總額約9,000億日圓）來處理住專問題。其中，日本銀行出資1000億日圓。日銀出資的部分可以用來穩定金融制度。

負責回收住專債權的住宅金融債權管理機構設立於1996年7月。從正式回收債權的10月到1997年3月為止的回收額為2,756億日圓，比計劃超出13億日圓，被視為無法回收的債權也回收了一部分。其實債權回收只要認真去做絕對有辦法做到。

6.平成金融恐慌第二波的襲擊

1996年11月到1997年4月，開始了平成金融恐慌的第二波。

太平洋銀行於1996年3月破產，但當時關係企業的櫻花銀行100%出資設立了承接銀行Wakashio銀行。大藏省終於可以選擇過去較為簡易可行的方法，亦即在進行破產處理之前，讓相對具有實力的銀行去承接破產的銀行。

在此，除了存款保險機構為了彌補不良債權所造成的損失而提供資金援助之外，相關金融機構也進行資金援助與出資，Wakashio銀行則承接破產銀行的債權·債務來繼續營運事業。

然而，在之後陷入經營不善的阪和銀行的案例當中，即使借助大

藏省的力量也無法設立像Wakashio銀行那樣的承接銀行來提供資金。因此，大藏省便在1996年11月21日，依據〈銀行法〉第26條發佈了業務停止命令。這是戰後大藏省首次對銀行發出的業務停止命令。以上就是過去大藏省讓整個金融界來救濟破產銀行的路線，亦即「不樂之捐（強迫捐款）方式」失敗的典型案例。

　　除了停止業務之外，大藏省也採取了以下措施：①禁止吸收新存款及融資；②可以承辦退還存款給存戶的業務，但禁止承辦到期前的定期存款以及擁有一億日圓以上債務的存戶其與債務同額的定期性存款的提領；③業務停止中以日銀特融來支援；④業務停止期間的票券、支票不做跳票的處分。當然，存款全額會受到保護。

　　在木津信用合作社與兵庫銀行發生經營不善的事件之後，因泡沫經濟崩潰而背負龐大不良債權的阪和銀行也開始急速的流出存款，存款餘額自1995年3月起一年當中約減少了300億日圓。在1996年9月的中間決算當中，一反當初會產生盈餘的預測，在處理完約355億日圓的不良債權後，竟呈現337億160萬日圓的虧損狀態。

　　在此應該留意的是，監查法人必須嚴格進行資產的審查。大藏省在1996年9月的通告中，對銀行公佈了內部指導基準。改變了經營惡化的銀行之決算需要大藏省認可這種「過時」的制度。因此，如果像兵庫銀行一樣，在破產前的債權明明是609億日圓，而在破產之後突然發現無法回收的金額竟高達7,900億日圓的話，負責監查的監查法人應該要吃上官司。

　　以往因為基準並不明確，監查法人的責任也不會被追究，但今後可不容許這種情形發生。原本對銀行的監查能力可說是「零」的監查法人總該清醒了。不過，1996年6月在規模最大的住專「日本住宅金融」破產之際，曾發生一部分股東對於該公司負責監查的二家監查法人提

出損害賠償訴訟的案例。

此外，大藏省在1996年8月開始針對阪和銀行進行調查，到了9月底發現回收可能有問題的債權為1130億日圓，回收十分困難的債權為370億日圓，無法回收的債權為400億日圓，合計共有1900億日圓的不良債權，但自有資本卻不到203億日圓，而且還背負著200億日圓以上的大幅債務。

在業務停止命令發出之後，為了整合、清算阪和銀行，因此設立了新銀行，將債權、債務移轉過去，並將健全的債權轉讓給其他金融機構。有關不良債權的回收，則委託為了處理破產信用合作社而由東京共同銀行改組出來的整理回收銀行來負責辦理。新銀行遲早都需要清算。

大藏省對於存款保險機構也要求提供資金。該機構對於新銀行，動用了1996年7月民間金融機構與日本銀行提供財源設立的新金融安定基金中（總額約9,000億日圓，作為處理住專問題之用）日銀出資的1000億日圓的一部分，這是因為日銀出資的部分依法可用來穩定金融制度。

此外，日本銀行為了防止因業務停止命令的發佈而使存款流出，以致資金調度困難，特別根據舊〈日銀法〉第25條，進行400億日圓到500億日圓大規模的日銀特融。阪和銀行的案例中也大幅動員了日銀資金。在此，排除在存款保險適用範圍之外的外匯存款、CD（可轉讓存單）也都得到救濟，可以說是「人人有獎」的救濟措施。

7. 「早期糾正措施」的前身

對阪和銀行採行業務停止命令可以說是1998年才導入的「早期糾正措施」的前身。該措施係指金融機構實質上陷於負債大於資產時，

強制辦理破產處理手續。大藏省之所以會發佈業務停止命令是因為該公司「雖然手邊還有若干資金，但在決算內容公開時可能無法因應存款的流出」(《日本經濟新聞》1996年11月22日)。可以說大藏省的方針已有所改變，致力於延長無法重建的金融機構的壽命，避免傷口再度擴大。

對於以往採取不讓任何一家銀行破產的「護航方式」，致力掩飾經營不善的事實，甚至不惜「做假帳」來延後處理時間，以致破產處理成本不斷擴大的大藏省而言，這是前所未有的一大進步。

這項業務停止命令是在熱烈討論監督與檢查機能是否應該分開的時期所發佈的。大藏省一向反對將金融監督與檢查部門分開，如果是過去的話，應該會一直拖延破產的處理，但為了讓相關單位知道破產處理必須迅速進行，因此，在負責保障存戶、維持信用秩序的大藏大臣主導之下毅然在此時期發出業務停止命令。這種說法是真是假不得而知，不過，釐清金融機構破產處理的規則與大藏省是否應該同時施行金融行政與金融監督、檢查一事是沒有直接關係的。

阪和銀行方面，認為該措施為突擊性的處分，對於存戶和交易對象等會造成重大的影響，同時也無法確保員工的就業，因此便依據「行政不服審判法」提出異議申訴。由於是對大藏省提出申訴，大藏省當然會將之駁回。阪和銀行方面如果對駁回感到不滿，還可以提起行政訴訟。

然而，即使提出了行政訴訟，但因為對手是政府機構，阪和銀行大概不會有勝算，但試試看應該會很有趣。為什麼呢？因為觀察第二地銀的破產處理就會發現，總經理為大藏省空降部隊的兵庫銀行蛻變為Midori銀行，屬於櫻花銀行集團內的太平洋銀行則蛻變為Wakashio銀行。如果特別去研究轉變後的Midori銀行與兵庫銀行的差別就可能

會讓大藏省政策的朝令夕改暴露無遺。

8.金融債的保護問題

在日本的大銀行當中，擁有最多不良債權的就是日本債券信用銀行。1996年9月中間決算所公佈的不良債權達1兆3556億日圓，為長信銀當中金額最大者。債權償還特別帳戶的餘額為3359億日圓，準備金比率為25%，為長信銀當時最低的比率。因此，附息金融債不斷被銷售出去，自1997年起，流通殖利率上昇至4.5%，和日本興業銀行所發行的金融債相比，高出2%之多。之後，流通殖利率更急速上漲到6%。

流通殖利率之所以會上昇，是因為即使主要金融債的買方——地方銀行去承接，但因為風險太高，很快就會將其賣出。金融債如果沒有買方，就不可以發行新債券。倘若經營不善的話，債券自然會變成廢紙。因此，如何保護金融債便成為一大課題。

在木津信用合作社面臨經營不善之際，對於子公司發行的抵押證券保證其本金約85%。這是因為依據1996年成立的金融三法而設立的新存款保險機構，為了維持正常交易關係，對於破產金融機構，不論是否為存款保險適用金融商品，都可以提供資金所致，結果像阪和銀行其存款保險對象之外的CD（可轉讓存單）也得到保護。

對於CD是否為證券，各方的說法不一，但抵押證券依據〈證券交易法〉的規定為百分之百的證券。破產的抵押證券公司發行的抵押證券就現狀而言，會變成廢紙，這是嚴峻的經濟原則。雖說已經賠本，但以約85%去承購就和彌補虧損這種證券醜聞在本質上是相同的。但是，就連證券公司也不曾進行過85%的彌補虧損。

抵押證券的承購至少暴露出二個最嚴重的問題，一是違反了價格變動商品「證券投資」所造成的損益責任全部要由投資人來負責的大

原則。如果這點被允許的話，對於股價下跌的股票，證券公司以投資人購入價格的85%來承購應該也不會有問題才是。二是為何要由存款保險來支付？當然，抵押證券排除在存款保險的對象之外，CD也一樣。為什麼對於抵押證券的救濟要動用其他存款人所支付的存款保險呢？這是一個根本性的問題。如果說是為了穩定金融制度的話，大藏省應該在確實負起監督責任之後再引進公營資金。

事實上，如果日本債券信用銀行真正陷入經營不善，可以預測會遭遇到相同的問題，該行發行的金融債會在一夕之間變成廢紙。明明是向銀行承購的債券，但本金沒有受到保證的話，金融債便會被任意拋售，同時，新發行的金融債會完全賣不出去，金融制度很可能會因此而崩潰。

因此，自1997年初起，政治人物等完全不提示方法與根據，而提出金融債的保證。如果金融債真的由存款保險、日銀資金等公營資金來保護的話，日本的金融制度將會被世界各國所唾棄。因為不論提出任何理由，都無法讓有價證券的損失填補正當化。木津信抵押證券的例子，就是暗中進行「損失填補」，而報紙的報導也有鑑於事態的嚴重性，因此故意避重就輕。然而，說起金融債的「損失填補」，其規模之大足以顯示日本金融制度的「落伍」，因此必然會受到世界各國的密切注意。

避免日本金融制度淪為世界「笑柄」的救星並不是出現在日本，而是美國，就是美國的評等公司Moody's Investors Service。Moody's公司在1997年3月21日公佈對日本債券信用銀行金融債的評等結果，由適合投資的等級"Baa3"，降到利息償還的確實性有問題的等級，亦即被定義為「投機性」「不適合投資」的"Ba1(Double B)"，使得情況在一夕之間風雲變色。

9. 日本債券信用銀行三家非銀行關係企業的破產

　　1997年4月1日，日本債券信用銀行三家非銀行關係企業向東京地裁申請破產，7日便接獲其宣告。這三家公司的負債額合計為2兆1,838億日圓，其中Crown Leasing的負債額為1兆1,874億日圓，為戰後的破產企業中規模最大者。

　　所謂自我破產申請係指，即使在破產申請手續進行當中，也要以公司解體為前提，將剩餘財產分配給債權者的嚴苛方式。之所以採用此種方式，是因為如果採用特別清算的型態，需要債權者75%以上的同意，因此可能會遭到被強加過重負擔的農協金融機構的反對而無法順利處理。所以最後便採取損失依融資金融機構融資餘額的多寡來負擔的比例分配方式進行處理。

　　日本債券銀行對於農協金融機構提出備忘錄表示會以母銀行的身分負責。在這些非銀行關係企業發生經營危機之際，表示要收回融資的農協金融機構因為有備忘錄而暫緩執行。儘管如此，4月1日早上還是接獲申請自我破產的通知。日本債券信用銀行履行債務的約定變成廢紙一張。結果日本債券信用銀行的放款金額2,852億日圓當中，負擔以比例分配方式被壓縮到2000億日圓左右。大藏省為了「守護」空降部隊的總經理，儘管國際上並不適用，但還是採取了忽視以往「信義」，不顧顏面的重建對策。

　　因此，立下備忘錄來行動這種對金融機構而言很可恥的習慣已經不再能夠行遍天下了。雖然筆者並不是要將日本債券信用銀行的行動正當化，但對金融機構而言，這的確是理所當然的行動。其實立下備忘錄來從事金融業務等根本就是錯誤的作法。為了回收2,300億日圓的融資，農協金融機構已經無法再像處理住專問題時一樣行使政治力，

要求政府投入財政資金了。

10.日本債券信用銀行的重建對策

　　日本債券信用銀行在1997年4月1日正式發表經營重建對策，內容包括①合計三家企業的債權損失（2,100億日圓）4,600億日圓要在1997年3月底的決算當中一併沖帳；　②將自有資本擴充3,000億日圓以及提高自有資本比率到6%；③關閉海外十二處據點，從海外全面撤退；④將包含總公司在內的國內十八家分行全部出售（改採租用的型態）；⑤進行人員、薪資的削減等。

　　不使大銀行倒閉雖為國際公約，但又有誰有權限這樣規定呢？沒有用的銀行就應該讓它倒閉，將日本的金融制度瘦身化，進而提高國際競爭力方為上策。當然，筆者並不是希望日本債券信用銀行趕快倒閉，問題在於各金融機構一直都是靠自己的力量來重整或增資，為什麼只有對這家銀行甚至要將以往的說法推翻來「救濟」它呢？

　　大藏省簡直是好了瘡疤忘了痛，居然召集民間金融機構的負責人，要求他們承購日本債券信用銀行的現金增資股，也就是繼續沿用「不樂之捐（強迫捐款）方式」。雖說大藏省已經愈來愈弱勢，但手中仍握有許多同意權，因此這些民間金融機構還是得對它敬畏三分，只好心不甘情不願的參與增資。既然提出「日本金融大改革」，想要有一番真正作為的話，就應該在市場中調度必要的自有資本。如果連這點都做不到的話，就只有清算一途了。這才是經濟法則應貫徹之道。

　　為了處理住專問題，民間金融機構與日本銀行提供財源設立的新金融安定基金當中，日銀出資的1,000億日圓中的800億被當作承接日本債券信用銀行增資的資金。

　　雖說引進公營資金是為了要保障存戶，而不是為了要救濟金融機

構，但日本債券信用銀行卻是為了救濟才引進公營資金。這又要如何說明呢？可能是「因為公司規模太大所以無法任其倒閉(too big to fail)」吧！大銀行才去救濟，而其他銀行就任其苟延殘喘、自生自滅，這不是很奇怪嗎？「經營狀況不良的銀行趕快去禮聘大藏省的空降部隊吧！如此一來，就可以名正言順的請大藏省來救濟了」，不是嗎？

以往之所以讓大藏省的空降部隊擔任總經理並不是因為他們有多麼優秀的能力，而是可以藉此從大藏省那裏得到好處。這些習慣看別人向自己低頭，自認了不起，完全無視自己的失敗，只是一味將責任推卸給民間金融機構的大藏省官員，根本不可能勝任必須一直向客戶低頭的民間金融機構的總經理。金融管制取銷後，如果是優秀人才則另當別論，這種只會接受大藏省空降部隊的作法應該要設法改善，這才是理所當然的金融制度。

1997年4月25日，日本債券信用銀行與美國的大銀行信孚銀行(Bankers Trust)正式對外公佈雙方將進行資本合作。決定自海外撤退的日本債券信用銀行將國際業務委託Bankers公司負責，至於不動產的證券化等事業則由雙方共同推動。

11.都銀與地銀合併的挫折

北海道拓殖銀行在1996年9月公告的不良債權達9365億日圓，而且債權償還特別帳戶的準備金只有3200億日圓，準備率為34.2%，屬於都市銀行中最低的一群。北海道銀行公告不良債權占放款餘額的比率也達到了13.3%的高水準。股價則下跌到150日圓上下。因此，Moody's公司將這二家擁有龐大不良債權銀行的存款評等降到最不適合投資的等級。

於是，1997年4月1日，北海道拓殖銀行與北海道銀行各自召開了

臨時董事會，預定在1998年4月1日達成對等合併。合併後的新銀行打算將海外的營業據點全面撤回，專心致力於以北海道為主的國內業務。合併後將刪減2～3成約2,000名的職員，分行也整合為100家左右，以成為大型地方銀行(Super Regional Bank)為目標。不過，合併是否能在預定日期完成，從一開始便撲朔迷離。

　　姑且不論其可能性，受不良債權之苦的銀行可以經由合併來推動企業重整，成為優良的地方銀行，這點是值得肯定的。而且可以不用靠存款保險或公營資金來救濟。不過，這裏還是產生了一些問題。

　　一，是否經由合併就可以順利的推動企業重整？因為擁有龐大不良債權的都市銀行和地方銀行在合併之後要完全依照計劃來推動企業重整絕非易事。甚至很可能使事態變得更為嚴重。因此，Moody's公司在4月4日公佈要將北海道拓殖銀行的存款評等降級。如果真的被降級的話，便是這個銀行首次被評為「不適合投資」。至於北海道銀行早在3月時就已經被評等為「不適合投資」了。

　　二，假設企業重整進行的很順利，將會在北海道成為獨占的銀行而欠缺競爭對手。北海道內的存款總額約為11兆日圓，但這二家銀行合計就超過7兆日圓，占整體的三分之二，可以說是壓倒性的比率。因此，公平交易委員會有鑑於其比率超過25%，會依據合併審查的方針，將其列為重點審查的對象。

　　新銀行到底是都市銀行還是地方銀行這個無關痛癢的議題也被提出討論。新銀行因為是大型地方銀行，因此應該加盟地方銀行協會，成為地方銀行。而北海道拓殖銀行由於自認為是都市銀行，過去一直不自量力的擴展業務，以致衍生出龐大的不良債權。此銀行應該以根植於北海道的銀行自居，致力蛻變為替地區居民服務的踏實穩健的銀行。

　　三，合併很可能無法順利推動。都市銀行與地方銀行的對等合併是自視過高的都市銀行行員無法接受的。即使是都市銀行之間的合併，例如埼玉銀行與協和銀行合併後的朝日銀行或櫻花銀行都不是經營得很順利，自視甚高的舊三井銀行的前行員也不可能和舊太陽銀行、舊神戶銀行的前行員相處融洽，新銀行也很可能重蹈櫻花銀行的覆轍。

　　1997年6月,北海道拓殖銀行宣佈將和英國的大銀行柏克萊銀行在業務方面進行合作，而且目前已經進入交涉階段。然而，這並未和打算合併的對象北海道銀行進行充分溝通就宣佈。可見這二家銀行的行事風格多麼不同調。

　　若任由像拓銀這麼大規模的銀行倒閉的話，很顯然地會帶給國內外金融市場相當大的衝擊，所以擁有相當多不良債權的拓銀就宣佈要落實重整對策，不過並未徹底執行。為了讓這二家銀行在合併之後可以繼續維持事業發展，不論當事者如何認為，公營資金的投入還是勢在必行。當時若要重整合併是無法從存款保險機構得到任何資金援助的。之後，雖然立即進行修法，但如果這項修法早點進行的話，拓殖銀行就不會遭到破產的命運了。

　　就這樣，在1997年9月，這二家銀行合併一事被暫緩執行，終於在同年11月，拓銀宣告經營破產，結果使得北海道的經濟受到嚴重的打擊。當初實在不應該讓拓銀破產，應該撤換經營高層，實施大膽的企業重整，並投入公營資金，使其脫胎換骨為全新的銀行才是。結果拓銀將北海道所有分行的業務轉讓給北洋銀行，於1998年11月結束所有的業務。

12.壽險公司的破產

　　1997年4月25日,經營重建中的中型壽險公司日產生命人壽公司決

定放棄自主重建,進入真正的公司清算作業。接到此項決定之後,大藏省便對該公司發佈了業務停止命令。因此,在契約完全移轉給新公司之前,該壽險公司必須停止進行新契約的招攬、契約的解約與減額,以及新的放款業務。不過,還是要繼續進行年金、死亡保險金、住院給付金的支付,並可以接受保戶提出之變更名義、地址等的申請。

依據〈新保險業法〉的規定,保險公司設立了任意籌措資金的「保戶保護基金」。利用此基金來對救濟破產公司、承接其保險契約的公司進行資金援助,其中壽險公司以2,000億日圓,產險公司以300億日圓為上限。

然而,日產生命的損失額已經超過2,000億日圓,高達3,000億日圓以上,根本不可能會有保險公司願意承接這家公司的保單;因此便設立了接受保單與資產移轉的承接公司,由「保戶保障基金」支出2,000億日圓來援助該公司。

這裏出現了一些問題。日產生命在泡沫經濟時代以預定利率5.5%之高利率來急速擴大個人年金,泡沫經濟崩潰之後,這項保險還占總資產的49%,相對於1997年3月期的平均預定利率4.7%,其實際操作績效為3.1%,這已經不是在經營保險事業了。進入超低利率時代後,各家壽險公司都將對厚生年金基金等所保證的每年4.5%的利率調降到2.5%。因此,年金福祉事業團等紛紛向壽險公司申請解約。就壽險公司的立場而言,調降保證利率是不可避免的,為了保障自己公司的保戶,這是絕對必要且正確的作法。

到了1997年8月,個人年金的利率為2.75%。為了保障預定利率每年5.5%的保戶,在2,000億日圓之外,還要追加負擔,這是沒有道理的事。而且日產生命從3～4年前開始就已經陷入債務過多的窘境,儘管如此,監查法人卻沒有仔細審查,應該要負最大的責任。此外,明知

事態嚴重，卻置之不理的大藏省也難辭其咎；大藏省已經完全失去身為監督當局的能力了。

　如果依照大藏省的意思設立承接公司的話，就會因為利差損失，在持續低利率的狀況之下，每年需要追加300億日圓的負擔。因此，每年5.5%的預定利率根本就不切實際，所以勢必得削減保險金並將保費提高。如果這是不可行的作法，就不能強迫保險公司追加負擔，大藏省應該負起監督責任。

　1997年6月20日，日產生命的財產管理人「壽險協會」提出了最終處理案。依據此案，日產生命的損失額約3,000億日圓中的2,000億日圓由保戶保障基金來支出，剩餘的1,000億日圓則轉移到保單的承接公司（加盟協會的四十三家公司共同設立的青葉生命），以此公司5年內的收益來償還損失。

　因此，為了確保承接公司的收益，只好將負擔強加在保戶身上。例如，解約金在1997年度較預定減少15%，以此為限度，在7年當中不斷減額。個人年金保險的保證利率也調降到2.75%。定期保險及醫療保險原則上不會減額，但對年金等最多甚至實施了28%的減額。

　在面臨此事態之際，大藏省保險部長還很悠哉地表示：「我們在調查中掌握到該公司處於債務過多的狀況之後，曾經要求他們進行積極地經營改善，沒想到最後還是陷入經營危機，實在非常令人遺憾，當時判斷該公司有能力進行自力重建確實是一個錯誤。」（《日本經濟新聞》1997年6月21日）。這種說法簡直令人瞠目結舌！將負擔強加在保戶身上，還若無其事的逃避責任的大藏省已經失去存在意義了。

　如果是銀行，就可以用高利率來保障存戶，為什麼換成保險公司，保戶就得受到如此大的損失呢？變成保戶比銀行存戶更早一步確立責任自負原則。結果，5月份的中型壽險公司的解約增加率和前幾個月相

比，以經營狀態不佳的壽險公司為中心，分別高出58%、48%、43%，以經營狀態優良的壽險公司為中心也有8%。整體來看，光是5月份的個人保險契約總額就減少了約3兆3600億日元，破了過去的最高記錄。

13.大金融機構的經營危機

1997年11月是日本金融史上最淒慘的一個月份。首先是「三洋證券」的破產，其次是為了施行國家策略而設立的戰前特殊銀行，也是都市銀行的一份子「北海道拓殖銀行」，以及自傲擁有100年歷史的四大證券之一──「山一證券」都相繼陷入經營危機。

美國的評等機構在1997年11月21日公佈了山一證券為「不適合投資」的公司，因而使其在短期金融市場中的資金調度變得很困難。因此，在22日星期六的《日本經濟新聞》早報的頭版中便刊登了「山一證券陷入自行停業狀態」的報導。因為根據大藏省的表示，山一證券極有可能擁有鉅額的帳外債務，其金額已經超過2,000億日圓。因為自行停業，使得美國的金融資本美林公司(Merrill Lynch)以非常驚人的低價取得山一的營業網與人員。

其結果，在進入1998年之後，金融制度的不安日漸昇高。政府便在3月期決算中強行拉抬股價，並要求銀行來進行支撐，這完全違反了金融大改革的精神。但4月以後股價還是大幅滑落，甚至跌到12,000多日圓。因為陷入經營危機的日本長期信用銀行的股票不斷被拋售，便有人提出使其與住友信託銀行合併的計劃，但最後這家銀行還是宣告破產，在10月份被國有化。

二、不良債權的處理

1.金融機構破產的時代

儘管金融制度愈來愈自由化，大藏省的金融行政還是繼續沿用高度成長期所謂的「護航方式」。因此，長久以來，管制放寬一直推展的不順利，為了延續陷入經營危機的金融機構的壽命，大藏省疲於奔命地尋找願意承接的金融機構。

經營惡化的金融機構最後走向破產一途，這是經濟的法則。但是，戰後金融行政基本上還是不希望讓金融機構倒閉。因此，陷入危機的COSMO證券就被大和銀行購併，勸角證券被第一勸業銀行救濟，日本信託銀行則被三菱銀行購併。但是，受行情低迷所苦的證券公司、擁有龐大不良資產的銀行與壽險公司要全部被救濟是不可能的事。因此，違反大藏省的意向，拒絕與擁有龐大不良債權的銀行合併的金融機構便陸續登場。

此外，1997年5月山一證券也放棄了援助陷入經營危機的關係企業小川證券的念頭。小川證券因為被取消執照而受到清算，但這是睽違17年以來首次出現的證券公司經營破產的個案。而山一證券也在1997年11月宣告破產。

在金融自由化的時代裏，存款人和投資人要比以往更仔細地去觀察景氣動向、利率動向，甚至經濟、經營合理性等都要考量，再配合運用資金的特性、投資期間等來進行證券投資與存款，同時最好將資金分散到各個金融機構。因為在現今這個時代裏，即使是金融機構，也有可能會面臨破產的命運。

在金融自由化的時代裏，存款人和投資人必須慎選金融機構。金融機構也必須致力謀求經營的合理化，以提高客戶的方便性。戰後，日本的金融機構所欠缺的「品質更好，價格更低」的競爭原理總算也導入了金融領域中。因此，經營效率差的金融機構便只有倒閉一途。當然，站在金融服務的立場來看，為了不使存款人和投資人受到經營不善的波及，加強存款保險以及投資人救濟措施是當務之急。

如此看來，任意附加高利率來吸收存款未必對客戶就是好事。這是為什麼呢？為了附加高利率，金融機構就必須以更高的利率來運用資金，相對地，風險也會跟著提高，結果便違反了銀行吸收存款保證本金的經營原則。

2.引進公營資金的必要性

在住宅金融專門公司進行破產問題處理之際，有關投入財政資金一案，在國會審議中產生了激烈的爭議。為了填補因事業失敗產生的民間企業的損失而投入財政資金,這種作法激起民怨是在所難免的事。

然而在此同時，宣稱80兆日圓，實際上卻有150兆日圓的金融機構不良債權也應該儘早處理，以確保金融制度的安定性，追求景氣的真正復甦，致力投入日本版金融大改革，這些都是刻不容緩的課題。

在泡沫經濟時期，市場經濟正常運作的狀況之下，產生了龐大的不良債權。於地價暴漲的局面中擴大不動產擔保融資，以提高收益的作法本身或許並不需要太過苛責，但問題在於其程度。如果極端的提高收益，亦即到了泡沫經濟的狀態，問題可就非同小可了。而且，地價會跌到這麼低根本就想像不到，這也是個殘酷的事實。

因此，現實的問題在於，將金融機構龐大的不良債權交由市場機制來處理根本就行不通，就算可以解決也要花費相當長的時間。如果

金融制度無法經得起等候的話，姑且不論是否要直接投入稅金，但勢必要以某種型態來導入公營資金，這可以說是財政必須擔負的機能之一。

　　依據競爭原理追求經濟的效率性與公正性雖然是市場經濟的大原則，但在此原則之下還是難免會產生問題。因此，政府便會以公平的立場來介入市場。由經濟的角度來看，國家和地方自治體的活動就是財政，包括以下三項功能：

· 如果交由市場經濟原則來運作的話，就會將資金供應給沒有充分供給的領域，例如，國防、警察、消防的維持、開山·治水、道路、港灣、公園、下水道等社會資本強化、社會福利、教育推廣等。這就是資源分配的調整功能。

· 光是交由市場經濟原則來運作的話，所得的分配未必會很公正。因此，可以藉由遺產稅、累進稅率、社會保障等來重新調整不均勻的所得分配。這就是所得重新分配的功能。

· 為了追求經濟安定而擔負的機能便是財政的景氣調整功能。此項功能又分為以下二點：其一為內建穩定因素(Built-in Stabilizer)，景氣回昇的話，企業收益會增加，同時營利所得稅也會增加，企業活動就會受到壓制。而景氣低迷的話，企業的納稅額會減少，對於景氣便會自動產生刺激作用；其二為積極的財政政策(Fiscal Policy)，亦即在景氣低迷期就實行減稅，或發行公債來擴大財政規模，或是追加公共投資等；因景氣過熱而可能造成通貨膨脹的情況，就延緩公共投資或增稅等。

　　由此可知，將金融機構150兆日圓的不良債權交由市場機制來處理已不可行。因此，引進公營資金處理金融機構的不良債權，可以說是屬於財政政策的一環。這就和為了促進景氣復甦而投入財政資金到公

共投資中一樣，是基於相同的道理。

　　亦即要跳脫因金融界不景氣所主導的新型態的「複合不景氣」，就必須恢復金融界的景氣。而絆住金融界景氣復甦的枷鎖就是重重壓迫金融機構的龐大不良債權。將此不良債權從金融機構的帳簿中徹底消除，是尋求景氣真正復甦與實施日本金融大改革所不可或缺的前提。

　　雖說如此，在不得不引進公營資金時，有以下三點重要事項需要注意：①在徹底釐清造成這些事態責任所在的同時，也要追究其責任，並且要徹底進行債權回收。②因為解決不良債權問題為當務之急，所以在破產處理的情形之外，最好不要採用公營資金贈予的方式，而要採用代墊方式，10年也好，20年也好，務必使其歸還。③為了找出造成莫大不良債權的原因，要從各種角度來檢討制度面上的問題，為了不使同樣事態再度上演，必須認真推動金融大改革與金融重整。

三、穩定金融制度的措施

1. 恢復金融制度功能的基本方針

　　大藏省於1995年6月公佈了「恢復金融制度功能」的基本方針，對於可能破壞金融制度的金融機構不良債權之解決方針也明列其中。

　　此方針係指，進入二十一世紀後，為了建構富裕、具創造性的日本經濟、社會，在今後5年當中，不要被過去的想法所牽絆，對於金融機構高達40兆日圓（大藏省發表的數字）的不良債權問題訂出解決目標。具體而言，包括以下幾點：

・加強資訊透明化。自1996年3月期決算起，都銀、長信銀、信託銀行、農林中金、商工中金、全信聯除了以往破產對象的債權、延滯債權

之外，也要將利息減免等債權公開。設置海外分行、當地法人來從
事國際業務的地銀、第二地銀除了以往破產對象的債權之外，也要
將延滯債權公開。在合作社組織的金融機構方面，自1996年3月期決
算起，便依據實際狀況，將資產的全貌公開。當然，這是最低限度
的基準，最好能夠公佈更詳細的實際狀況。

- 大藏省為了要在5年之內將包含利息減免等債權的不良債權問題完
全解決，致力於建構必要的環境，並且促使金融機構努力實現經營
合理化。為了強化金融機構的經營基礎，合併、子公司化或是具有
相輔相成效果的跨業種金融機構的合併應該相當有效。

- 對於接受金融機構在利息減免方面支援的Nonbank或是住宅金融專
門公司等，為了在必要時重新檢討重建計劃，採取適當的措施，要
促使提供支援的企業或金融機構認真地討論與因應。

- 在採取自助努力或合併等措施之後依然無法克服經營問題時，則不
得不進行經營破產處理。在此種場合，必須使用公開的手段，因此，
經營破產處理的基本理念在於，必須儘可能達成人民的共識。

- 金融機構在破產之際，雖然動用存款保險，但其型態為對存款保險
的支付(Pay off)與營業轉讓、合併等的資金援助。不過，前者為成本
較高的作法，基本上，最好採用後者的資金援助方式。有關存款保
險金支付的方法，以現狀來看相當困難，因此最慢也要在5年之內，
建構出可以落實存款人責任自負原則的環境。

- 存款保險機構資金援助的前提條件為「經營高層必須下臺，並追究
造成經營破產之罪魁禍首的法律責任」、「承擔股東、出資者擁有的
股票與出資所造成的損失」、「擬定徹底的合理化計劃」、「讓關係金
融機構儘可能的提供支援」。

- 充實存款保險機構的功能。有必要檢討以下幾點，例如，為了限時

徵收附加保險費，維持信用秩序，可以提供追加的資金。在現行的制度之下，存款保險金的支付方面，並不包含利息，今後應該可以將其列入存款保險的對象。

· 有關當時採行的〈日本銀行法〉第25條，在確立存款人責任自負原則之前，應設定比一般存款保險的資金援助之採行條件還嚴格的條件。特別是為了恢復金融制度的功能，今後5年當中必須投入加倍的努力，在這段期間內很可能會採行此條款作為緊急避難措施。

· 充實金融機構的檢查、監督。特別是信用合作社理事的兼職、資訊透明化、監查、檢查、監督體制的理想型態等，包含法律修正在內，要採取根本的措施。

此基本方針當中提到為了因應環境的變化，金融機構可以轉換為其他體系。特別是信用金庫、信用合作社等的合作社組織金融機構對於很難得到一般金融機構融資的中小企業或個人等，可提供充分的金融服務，這就是這些機構的存在意義，但也可以考慮轉換為其他體系。

施行日本版金融大改革，使競爭原理產生作用，就是讓經營基盤較弱的銀行，運氣好的話，就會被吸收、合併，最糟的場合就是面臨破產。就平成金融恐慌的本質來看，雖然希望建構出當銀行破產時可以支付存款保險金來救援的環境，但事情可沒有想像中那麼容易。

2. 〈保險業法〉的修正

根據1996年4月施行的新〈保險業法〉的規定，為了讓陷入經營破產的壽險、產險公司所擁有的保單能夠繼續生效，因而設立了「保戶保障基金」作為相互援助的組織。不過，從日產生命經營破產的案例當中使我們了解到，光是如此還是不夠。必須確立像銀行救濟小額存戶的系統「存款保險機構」一樣的支付保證制度，並建構可以導入公

營資金的安全網，因此後來在1998年12月設立了保戶保障機構作為正式支付的保證機構。

　　壽險公司中最常見的公司型態「相互公司」並不適用「公司更生法」，如果不幸面臨破產時，應該如何處理並沒有很明確的規定。此外，相互公司也沒有將包含子公司在內的連結財務狀況公開出來。

　　因此，由於〈保險業法〉的修正，使得產壽險公司可以利用成立子公司的方式來進行交叉經營，同時大藏省要求壽險公司製作並公開包含子公司經營狀況在內的連結財務報表，這是因為雖然同樣是保險公司，但採用股份有限公司型態的產險公司具有公開連結決算的義務。除此之外，也導入了依據支付能力(Solvency Margin)基準的預警系統。

　　就企業經營內容的公開、經營的透明化、保障保戶的觀點來看，壽險公司公開結算是不可避免的。各壽險公司為了要公開企業內容，必須儘早做好準備。因為金融、資本市場的健全發展、保障存戶、保戶、投資人已經蔚為世界潮流。其前提就是所有的相互公司必須將組織變更為股份有限公司。

3. 金融三法的概要

　　1996年6月18日在國會正式通過金融三法，包括「金融機構經營健全性確保法」「金融機構更生手續法」「存款保險法修訂案」，正式踏出解決金融機構不良債權問題的第一步。在此同時，也大致提出了金融機構的監督及破產處理的方向（榊原隆〈金融三法について〉，《金融》1996年8月）。

(1)〈金融機構經營健全性確保法〉

　　正式的名稱為〈確保金融機構等經營健全性之相關法律〉。此法律主要是希望藉由充實合作社組織金融機構的監查體制，導入嚴正且透

明性高的早期糾正措施，並且採取必要措施來追求金融機構經營的健全性，因此對於銀行、信用金庫、信用合作社等之相關法律進行部分修正。

- 充實信用金庫、勞動金庫、信用合作社等合作社組織金融機構。具體而言，包括強化充實內部監查的監事功能，錄用並非一定規模以上的信用金庫等的會員、職員的外部監事、請公認會計師等來進行會計監查，亦即外部監查制的導入等。

此外，就對職務的全心投入以及防止徇私融資的觀點來看，信用合作社在原則上禁止政府官員兼職。

信用金庫等在被要求製作商業會計帳等義務的同時，也適用必要商法會計的相關規定。

- 金融機構為了要一面確保經營健全性，一面儘速處理不良債權問題，必須徹底推動企業重整，建構適當的金融環境。因此，要在可能的範圍內擴大金融機構的營業或事業的轉讓等。
- 配合金融機構的經營狀況應採取的監督措施之相關規定已經研擬完成。具體而言，包括設置「早期糾正措施」，依自有資本比率的狀況（例如只在國內營業的金融機構低於4％，從事國際業務的金融機構低於8％時），監督當局可以提出業務改善計劃來階段性實施具體的業務改善指導。「早期糾正措施」自1998年4月1日起開始適用。
- 對於金融機構的交易導入市價會計。近年來由於衍生性金融商品交易日漸擴大等因素，金融機構的業務愈來愈繁複且多樣化，在此情況之下，為了一面維持日本金融機構等的業務健全性，一面使日本的金融、資本市場在國際上更具競爭力，強化可順利推動衍生性金融商品交易等業務的環境是刻不容緩的事。

因此，銀行和證券公司等利用利率或貨幣價格等的短期變動來獲

取利益，以此為目的來進行的交易以及其計價資產，必須和其他交易的資產加以區別，如此一來，才能夠進行財務、會計上的處理，使交易狀況更為明確。

(2)〈金融機構更生手續法〉

正式名稱為〈金融機構更生手續的特例等之相關法律〉。金融機構的破產處理，過去都必須經過經營者、股東及出資者等相關人士的同意，利用營業轉讓等的行政手法來進行。

然而，金融機構一連串大規模的經營破產造成財務內容極度惡化，儘管實質上已破產，但只要在流動性還可確保的情況下，事業還是有可能繼續經營，經營者也強烈希望如此，所以就一直拖延破產處理的時間，讓處理成本不斷增加。另一方面，如果是以往的行政手法，大額存款會全額受到保護，因此也會產生道德危機。

基於上述原因，除了以往的手法之外，還必須加上其他制度來配合，藉由司法上的破產手續，來儘早處理破產金融機構。依據此法律，監督當局可以向法院申請公司更生手續等的法律處置。其結果，使得沒有承接公司的破產金融機構的處理得以迅速推動。

(3)〈存款保險法〉修訂

正式名稱為〈存款保險法部分修訂法律〉。一連串金融機構的經營破產顯示出，承接破產金融機構的企業以存款保險為中心進行資金援助的作法已經暴露出極限了。如下所示，此法不只從短期，也從中長期的觀點來改善以存款保險為主的破產處理制度。

‧Pay Off（金融機構破產時，以1,000萬日圓為上限，支付相當於存款額的保險金）的制度得到了改善。例如，並非利用現金來支付保險金，而是在健全的金融機構設立相當於保險金的存款，以及為了公平起見而廢除由保險金額的估算值扣除對該金融機構債

務的規定等。

- 創設存款等債權的承購制度。進行Pay Off時，過去如果是1,000萬日圓以上的部分，沒有經過破產手續等的處理則無法獲得退還，企業等則很可能因為手邊資金不足而造成連鎖破產。因此便創設了進行Pay Off時，存款保險機構將超過1000萬日元的存款依最後存款人接受退還的金額（破產分配預估額乘上規定的比率後的概算支付額）來承購的制度。回收金額超過概算支付額時，利用追加支付來調整（但是，當支付過多時，其處理方法則不甚明確）。

- 導入了特別資金援助。係指金融機構在破產處理之際，存款保險機構在Pay Off成本（保險金支付所需的費用）的範圍內對承接破產金融機構的企業進行資金援助。但是，光是靠資金援助和相關金融機構等的協助，無法充分確保營業轉讓等處理所需的援助資金。

  因此在今後5年內，大藏大臣為了維持信用秩序而認為有必要時，存款保險機構可以超過Pay Off成本，對救濟金融機構進行營業轉讓等而提供必要的資金援助，亦即進行特別資金援助。

  依據此規定，整理回收銀行將木津信用合作社抵押證券發行的抵押證券以85%買回。經營破產的日本長期信用銀行發行的金融債則根據此規定受到全額保護。

- 進行存款等債權的特別承購。今後5年當中，如果沒有金融機構願意承接破產金融機構的業務，則不得不採用Pay Off的處理方式。因此，存款達1,000萬日圓以上的存戶將被迫承受直接負擔。因此，在限時擴充上述存款等債權承購制度的方針下，於今後5年之內，存款保險機構可以將大藏大臣為了維持秩序而認為有必要的比率當作概算支付率，進行存款等債權的承購（存款等債權的特別承購）。因此，存款可以全數退還。

・創設協定銀行制度。信用合作社由於經營破產接二連三的爆發，再加上整體財務基礎相當脆弱，因而需要制定一套順利處理破產問題的制度。在此，當信用合作社面臨破產之際，又沒有金融機構願意承接時，便創設協定銀行的制度來加以處理。

具體而言，與存款保險機構訂立協定的協定銀行，亦即將承接破產的東京二家信用合作社的東京共同銀行加以改組的整理回收銀行（日本版RTC），接受大藏大臣的斡旋，承接破產信用合作社的事業，進行存款的退還及資產的回收等事業，同時接受存款保險機構的委託，承購破產信用合作社的不良債權等資產，並進行回收。

存款保險機構除了在承接事業之際提供資金援助之外，也對協定銀行出資，對其借款提出債務保證，並填補在承購協定銀行不良債權時所產生的損失，甚至還支援協定銀行的債權回收業務。

此協定銀行制度不以信用合作社以外的金融機構為對象，這是因為就帶給整體信用秩序及地區經濟的影響來看，立即整頓其他的金融機構並不適當，應該將其事業移轉給現有的金融機構來處理，這是一般的想法。不過，倘若有心徹底執行日本金融大改革的話，就應該將所有的金融機構都列入協定銀行制度的對象，來進行金融機構的重整方為上策。

然而，有關不良債權的部分，存款保險機構可以將其當作資金援助的一環來承購，並將其委託協定銀行來處理，徹底活用協定銀行。特別是設立金融控股公司，擴大金融業務來強化競爭力的場合，活用此協定銀行制度是極為有效的方法。

・今後5年內要建構出可以進行Pay Off的環境，但在此之前會實施存款的全額保障，因此，只限1996年度到2000年度這5年當中，將徵收0.036％的存款保險特別保費，3月時一般保險費率由以往的0.012％

調昇到0.048%，因此合計為0.084%的保險費率。

存款保險機構依破產金融機構體系的不同，設有信用合作社特別帳戶和一般金融機構特別帳戶。為了填補承接破產的木津信用合作社事業的整理回收銀行的損失，1997年2月贈予了1兆340億日圓，因而使得一般帳戶的餘額產生了140億日圓的赤字，信用合作社特別帳戶則產生了7,200億日圓的赤字。此特別帳戶預定於2001年度底加以廢除。當破產不斷發生，造成財源不足時，為了讓存款保險機構可以確保必要的資金，保護存款人，並順利推動信用合作社的破產處理，政府對於該機構在信用合作社特別帳戶中的借款提供債務保證，並將存款保險機構的借款限額自5,000億日圓提高到1兆日圓。

該法的問題在於，將信用合作社以外的金融機構的破產處理排除在對象之外。一般都認為其理由是大藏省判斷經營者的道德低落，金融界在處理不良債權之際都缺少自主性的努力，但實際上是因為只要是非都、道、府、縣所監督的信用合作社，而是大藏省監督之下的金融機構陷入經營危機，就會被追究金融行政的責任（《日本經濟新聞》1996年6月19日）。不過話說回來，也有不少信用合作社以外的金融機構陷入經營危機，普通銀行的破產對金融制度整體所造成的影響不是信用合作社可以比擬的。

4.金融再生法的成立

1998年10月12日，〈金融再生相關六法（金融再生法）〉在國會正式通過。有關破產處理方面的〈金融機能安定化緊急措施法〉與〈存款保險法〉的修訂版〈Bridge Bank法〉是為了保護破產金融機構無辜的借款人，而尋找民間承接銀行的法律。

破產處理的方法以金融整理財產管理人所進行的精算處分為原

則，滿足一定條件時，國家會承購所有的股票，納入公營管理。在破產處理的期間方面，納入公營管理的金融機構會在2001年3月之前將股票全數處理完，而自然廢止公營管理。

破產銀行如果希望順利推動破產處理，可以利用Bridge Bank制度。此制度的基本概念是，金融機構在破產之際，如果一直沒有出現願意承接的民間金融機構，為了保護找不到新交易銀行的借款人，便設立在金融機構破產後可以繼續融資給善良健全的借款人之公營新銀行，做為Bridge Bank。至於實施破產處理的機構則為依據「國家行政組織法」第3條新設立的獨立行政委員會——金融再生委員會，並在此設置負責閣員，大藏省金融企劃局的權限也移管至此。

1998年10月16日，〈金融機能早期健全化緊急措施法〉在國會正式通過。該法配合銀行自有資本比率的下降，以四階段來釐清經營改善計劃與股東的責任，之後再引進公營資金強化經營體質，最後總共引進了60兆日圓的公營資金。17兆日圓用於保護存款人，18兆日圓用於公營管理，另外的25兆日圓則用於強化銀行體質。

四、今後的金融機構

1.存款保險機構

金融制度調查會在1970年的報告「一般民間金融機構的理想型態等」當中表示，為了追求金融效率化，應該導入適當的競爭原理，也必須創設保護存款人的存款保險制度。依據此報告，在1971年施行了〈存款保險法〉，設立了存款保險機構。

存款保險制度的目的在於，為了保護存款人，對於金融機構存款

等的提領提供保險給付，除此之外，對於破產金融機構的合併等給予適當的資金援助，藉此來維持信用秩序。

即使銀行宣告破產，小額存戶也可以得到存款保險機構的援助。然而，存款保險的原資本是依存款金額而支付的保費。將健全經營的銀行所支付的保費拿去支應離譜高利的存款提領是不合理的。存款保險制度的宗旨應該是為了救濟善良的小額存戶。

存款保險機構的存款保險金是有限度的，必須有效的使用。如果希望節省保險金的支付，就必須監督金融機構的經營狀況，因此也應該讓存款保險機構擁有監督、檢查銀行的權限。

今後陷入經營危機的銀行就得黯淡接受破產的命運。存款人必須更加留心注意銀行的經營內容。看似崇高的銀行也應該將不為人知的薪資體系等經營、財務內容向外界徹底透明化。不過，對個人而言，要正確掌握銀行的實際經營狀況並非易事。因此，或許可以在存款保險機構中設置銀行的財務評等部門，對承辦存款業務的銀行進行評等，再依據評等結果來決定保險費率和存款利率。不論銀行的財務狀況如何，一律適用相同的保險費率是不合理的作法，應該採用依據經營狀態來變化的機動保險費率。

大藏省將金融債和無本金保證的金錢信託等重新列入存款保險的對象中，決定在金融機構破產之際保證全額退還。然而，金融債只不過是一種證券，不應該列入存款保險的對象中。如果決定這麼做的話，那麼普通銀行所發行的公司債是不是也應該列入存款保險的對象中呢？

2.評　等

對於確定附息證券「債券」進行投資的情形，最大的風險便是因

發行企業破產導致本金的償還和利息的支付等無法履行。附擔保公司債時問題還不會很大；若是無擔保公司債，一旦企業宣告破產，債券就形同廢紙一般，完全沒有價值。

所謂債券的評等係指藉由評估「債務不履行風險(default risk)」，來為各種債券評出等級。通常評等愈高的債券愈可以用低利來發行，評等的結果會對債券的發行條件帶來很大的影響。在進行評等之際，是以發行企業的財務各項指標為基準，例如，將最高級評為AA，然後依序是A、BB、B，依此類推。

此項制度在經常發行無擔保債券的美國最為發達，現在主要是由Standard and Poors和Moody's Investors Service這二家評等機構來從事公司債等的評等，深獲投資大眾的信賴。

至於日本，則在1977年的證券審議會所彙編的報告書中指出，有必要進行專門的債券評等。正式的評等業務最早開始於1980年，當時以日本經濟報社為主的日本公債及公司債研究所試驗性的進行了評等。其後，到了1985年，設立了日本評等研究所、日本Investors Service等機構來進行評等，不過，一般人都認為其評分不夠嚴格，此為一大問題。此外，中立的評等機構尚有三國事務所。

然而，在此必須強調的是，雖說是評等機構，但百分之百相信其評估之結果是很危險的事。因為在美國就曾有過與評等結果相左的情形發生，取得高評等的發行企業未必就不會陷入債務不履行(default)的窘境。評等結果只不過是將危險用機率來表示而已。因此，即使是在日本，今後評等的重要性將會愈來愈高，所以也需要有對評等機構加以評等的機構存在。

3.「早期糾正措施」

　　〈金融機構經營健全性確保法〉中規定在泡沫經濟發生、崩潰等金融環境的激盪期，為了反省事前的監督檢查功能是否充分發揮，確保金融機構經營的健全性，必須採取「早期糾正措施」，做為一種監督手法。

　　因此，在1996年9月便設置了大藏省銀行局長的私人研究會「早期糾正措施相關檢討會」，在12月便公佈了「期中報告」（請參照圖表12）。具體內容如下所示。

　　自有資本比率包括國際統一基準與修正國內基準（修正為與國際統一基準相近的健全性指標）二種。採行「早期糾正措施」之際，在海外擁有營業據點的金融機構適用國際統一基準，而在海外沒有營業據點的金融機構則適用修正國內基準。

　　「早期糾正措施」的分類可分為以下三項：

　　第一分類係指自有資本比率就國際統一基準來看低於8%，就修正國內基準來看低於4%時。在此，採行措施的基準為經營改善計劃的製作與其實施命令。

　　第二分類係指自有資本比率就國際統一基準來看低於4%，就修正國內基準來看低於2%時。在此，採行措施的基準為增資計劃的擬定、總資產的增加限制・壓縮、新業務的禁止參與、現有業務的縮小、新店舖的禁止設立・現有店舖的縮小、紅利支付的限制、禁止等個別措施的實施命令。

　　第三分類係指自有資本比率就國際統一基準來看低於0%，就修正國內基準來看低於0%時。在此，採行措施的基準為業務的一部分或所有業務的停止命令。

圖表12　早期糾正措施的概要

分類	自有資本比率		措施的內容
	現行的國際統一基準	修正國內基準	
1	低於8%	低於4%	經營改善計劃的製作與其實施命令
2	低於4%	低於2%	增資計劃的擬定、總資產的增加限制、壓縮、新業務的禁止參與、現有業務的縮小、新店舖的禁止設立、現有店舖的縮小、子公司、海外法人業務範圍的縮小、 新海外法人的禁止設立、紅利支付的限制、禁止、董事酬勞等的限制、高利率存款的限制、禁止等命令
3	低於0%	低於0%	業務的一部分或所有業務的停止命令 不過，以下情形可以採取第二分類的措施。 ①加上金融機構的未實現利益後的資產淨值為正值。 ②即使加上未實現利益後的資產淨值為負值，(I)以往的經營改善計劃、個別措施的實施狀況與今後的實現可能性；(II)業務收支率等收益率的狀況；(III)不良資產比率的狀況等加以綜合性的評估之後，純資產很可能會呈現正值的場合。 此外，即使是不屬於第三分類的金融機構，但加上未實現損失後的資產淨值為負值時，或是未來預測會呈現負值時，也有可能會對其發出業務停止命令。

註1：對所有的金融機構，有可能會以流動性不足等為由發出業務停止命令（銀行法第26條第1項、第27條）。

註2：在制度導入時，即使是屬於第一分類或第三分類的金融機構，該金融機構要擬定已被認定為合理的經營改善計劃，如果該計劃在較短的期間內預計可以確實達成時，可以採取比該金融機構所屬分類還高的分類措施。

資料來源：《金融》（1997年2月號）。

以美國為例,必須在90天以內選出破產財產管理人或財產保全人,破產之際最嚴厲措施的採行基準為自有資本比率低於2%,相對地,日本的「早期糾正措施」為0%,比美國寬鬆許多。站在保護存款人和維持金融機構健全性的角度來看, 應該要和美國一樣嚴格才行。如此才能夠減少破產處理時所耗費的成本。

「早期糾正措施」雖然自1998年4月1日開始適用,但對陷入經營破產的阪和銀行之業務停止命令卻是在這之前就已經發出。這是大藏省在1996年9月發佈的通告,做為「早期糾正措施」導入之前的過渡時期措施,而公開對銀行的內部指導基準,因該銀行很明確地符合此經營破產的基準,因而對其發出業務停止命令。

為了適用此項措施,經營狀態不佳的銀行,紛紛自1997年3月期決算起積極從事赤字決算, 希望能夠改善自有資本比率。而已經陷入經營危機的幾家大銀行為了適用較為寬鬆的修正國內基準,便開始整頓海外據點。

大藏省在之前為了應付金融機構「拒絕貸款」的現象,而彈性運用了「早期糾正措施」。有關適用國內基準的銀行方面,確認1年以內可以達到4%以上的話, 就自救的觀點來考量, 將適用期間延後1年。有關適用國際基準的銀行方面,由於可能會失去國際上的信用, 故依照預定自1998年4月1日起導入。

然而, 1998年10月成立的〈金融機能早期健全化緊急措施法〉則嚴格適用「早期糾正措施」,未達到基準的銀行原則上要實施破產處理,這就是朝令夕改的典型案例。

今後對於沒有在所有分行中標示「本銀行的自有資本比率為國際統一基準10%」的銀行, 將不會有人願意上門存款。所有銀行都應該將自有資本比率標示在醒目的位置, 讓存款人一眼就看得到, 沒有標

示的銀行即為「危險」的象徵。儘管已經超過自有資本比率，但只要比率稍微降低，存款人還是會敬而遠之。對存款人而言，這是辨別銀行是否安全最直截了當的方法。

　　當然，銀行不一定都會提供正確的資訊，因此完全相信銀行的片面資訊是很危險的，要切記這只能做為交易時的參考基準之一，而金融監督廳也必須嚴格的監督檢查銀行所提示的資訊是否正確。

4.銀行健全性的判斷依據

　　如上所述，在1998年4月即開始採行「早期糾正措施」，同時確保銀行經營的健全性也成為最高命令。雖說自有資本比率為判斷銀行健全性的重要依據，但尚有許多其他的判斷依據。據大藏省表示，在2001年之前不會實施Pay Off制度（存款保險機構取代破產的銀行，以1,000萬日圓為上限，支付與存款同額的保險金），在這之前最好還是與體質健全且破產可能性極低的銀行從事交易，因此，深入透視銀行是不容忽視的課題。

　　這裏的重點在於必須讓銀行的經營內容完全正確的透明化。泡沫經濟崩潰後，大藏省儘可能的減少發表金融機構的不良債權，亦即不斷重演「報喜不報憂」的戲碼。這是因為擔心一旦將實際狀況公開後，會造成存款人的不安，產生擠兌的風潮。不過，這些不健全的銀行遲早會倒閉，如果負責監督銀行的金融監督廳沒有揭露正確資訊的話，勢必會被提起行政訴訟。

　　此外，也應該要求金融機構公佈正確的不良債權金額（還有不良債權比率、不良債權準備率等）以及抵押金額等正確的經營內容。此外，如果適用國際會計基準的話，手邊持有之有價證券等要以市價來評估，就不會有未實現利益，而使損益明朗化，因此，金融機構必須

公佈正確的資訊。將這些資訊仔細分析後便可以決定應該交易的銀行。但是，對個人存戶而言，要將金融機構的財務報告完全消化是相當困難且辛苦的事，此時評等機構所做出的評等結果便可派上用場了。

評等機構所做出的評等結果可幫助存款人判斷金融機構的經營體質。而強制日本債券信用銀行執行企業重整的正是一家評等機構，此評等機構評定該銀行對於市場，亦即購入金融債的投資人而言為「不適合投資」的銀行。另一方面，催促北海道二家銀行可以選擇合併的方式來進行企業重整的也是一家評等機構的決定，此評等機構預計將這二家銀行降級到「不適合投資」的等級，破產的日本長期信用銀行也是如此。

當然，不論是降級或是預計降級，都引起這些銀行強烈的抗議。而這些銀行可能會急速進行不良債權的處理或企業重整，或者提出沒有什麼資訊可以作為降級的判斷依據等理由，後者如果成立，只不過是代表這些銀行在資訊透明化方面沒有做得很徹底而已。況且，向評等機構抗議根本就是不當的舉動。

在日本，監查法人往往會顧慮到要求監查的對象企業，而不會施予嚴格的檢查。這是因為一旦太過嚴格，下一年就不會繼續被委託。然而，自阪和銀行經營破產之後，此傾向可說已經逐漸改善。如果再像日本最大的住宅金融專門公司「日本住宅金融」破產時的情形一樣，因為監查太過寬鬆以致破產的話，可能會遭到股東的控告。

金融機構為了取得評等，必須支付手續費委託評等機構來進行，在此也會遇到相同的問題。站在銀行的立場一定會問「我們明明付了錢，為什麼卻得到不利的評等結果呢？」很可惜的是，日本的評等機構大都缺乏中立性，評等時往往太過寬鬆，不過，今後可不能再縱容此種情形發生了，銀行如果沒有委託評等機構來進行評等，很可能無法

繼續維持業務。而沒有被嚴格評等的銀行如果破產，評等機構就完全喪失存在意義了。

　　和自有資本比率一樣，銀行若沒有在所有分行標示「本銀行已委託某評等機構（最好是信賴度高的機構）進行存款評等，並得到AAA的評等結果」的話，將不會得到客戶的青睞。當然，並非一定要取得AAA才能夠吸引存款人，銀行的經營體質是否適合存款才是問題所在。

　　今後將會依據評等結果來決定存款利率，存款評等高的話，存款利率就會降低，存款評等低的話，存款利率就會提高。然而，就銀行而言，存款保險制度確立後，就會採取某種程度的金融制度安定措施，因此，應該不會像債券一般，因評等而造成利率差距過大。那些自有資本比率和評等結果沒有公開，陷入經營不振的銀行存款利率會變高，而存款人在這些銀行辦理存款時必須要有蒙受損失的心理準備。因為這些銀行以高利率吸收存款，就必須以更高的利率來運用，如此一來，風險將會不斷昇高。

　　不過，和自有資本比率一樣，也不可以完全信任評等機構。因為縱然是美國有力的評等機構，也曾經發生過給予高評等的公司陷入經營危機(default)的案例（即使被評等為最高等級，並不代表這家公司發生經營危機的機率為零）。　評等結果只能夠當作交易時的參考意見而已。

　　如果該銀行已經在股票市場中上市的話，股價的動向也是相當好的判斷依據。面額50日圓的股票，其市價低於100或200日圓的話，就需要特別注意。當發行單位破產時，該公司的股票即形同廢紙。股票市場是將內幕消息之外的所有資訊整合起來而成立的。即使是日本債券信用銀行或日本長期信用銀行，或者是預定合併的北海道二家銀行，

都可以從股票市場中看出即將破產的徵兆。當然，股價也不會全然依照正確的資訊在變動，因此千萬不能夠過度依賴股價所透露出的訊息。

5.今後的銀行

今後的銀行就中長期來看，應該會呈現出下列變化。銀行將分為幾種型態，定位在支付結算系統之中心的銀行所經手的存款被視為存款保險的對象。由於企業是經由發行證券、CP (Commercial Paper)來調度資金，因此企業之所以需要銀行只是為了要支付結算而已，維護此支付結算系統正是穩定金融制度的一大前提。

由於構成此支付結算系統的銀行存款即為存款保險的對象，因此銀行的資產運用標的被嚴格限定為國債等的安全資產。由於每家銀行的經營內容落差很大，因此會有不同的保險費率，這是理所當然的事。例如，自有資本比率低或者存款評等較差的銀行，其存款保險費率就會較其他銀行為高。但是，由於只能夠以安全資產來運用，而其存款利率原本就很低，所以存款利率或許不會因經營內容的不同而有太大的差距。

相對地，要求高利率的存款人就會與非存款保險對象的銀行進行存款交易，這些銀行會積極爭取小額存款業務或是從事風險較高的業務，這種銀行才應該努力確保經營的安全性，並進行徹底的風險管理，而且經營內容的完全公開也是不可或缺的。因為如果不這麼做，就不能去追究存款人的自我責任了。

資產家和企業的投資顧問業務、企業的購併(M&A等)是投資銀行的主要工作。不過，此種情形一般都是指證券業務，因此在日本，投資銀行的性質與證券公司相當類似。

日本的衍生性金融商品業務落後歐美許多。在美國，「冷戰」結束

後，航空、太空產業縮小，使得科學家都移轉到金融界發展，因而開發出衍生性金融商品，所以日本在這方面較美國落後，就某種角度來看似乎是無可奈何的事。不過，衍生性金融商品業務的擴大提高了全球性的體制風險，應該要有某種程度的管制才行。

但是，日本未來將急速放寬各種管制，因此今後必須要廣徵人才，才能夠與歐美的金融機構並駕齊驅。甚至有的場合還要讓有能力的人才拿到比總經理還高的報酬，所以最好設立衍生性金融商品專門公司。

另一方面，其他各種產業也會陸續投入銀行業務。例如，流通企業設立銀行，製造業企業參與電子結算業務等。

6. 環保對策

邁向二十一世紀，人類最大的課題已經不再是如何保護地球環境這麼輕而易舉的事，而是如何將環保做好。企業必須積極投入環保工作。金融機構除了積極參與環保工作外，也應該對於有心從事環保的企業提供相關資訊，給予金融方面的援助，這些都是刻不容緩的事。

由於廢紙價格的滑落，嚴重影響到廢紙回收業者的生計，日本針對地球環保問題所提出的對策雖然獲得多數人口頭上的贊成，但卻不見行動上的配合，環保工作的推展可謂滯礙難行。如果廢紙回收業者難以維持生計，地方政府就應該為他們提出價格保證。這一點錢怎麼可能拿不出來？

稅金的使用方式應該嚴格的監督。東京都負責監查的官員每當到海外出差（或是觀光）時，雖然搭乘的是商務艙，但都會申請頭等艙的費用，也就是所謂的「賺差價」。做了這種事後居然毫不在乎，一點也不會覺得汗顏。話說回來，他們出差用的是人民辛苦賺來的血汗錢。不論是多麼「偉大的官員」，就算是市長、首相、閣員等高級官員也好，

搭乘經濟艙才是「小而美的政府」之理想型態，不是嗎？如此一來，便能夠削減經費，將省下的錢全部投入環保工作。因為讓那些「偉大的官員」受點委屈，這只不過是暫時的感受而已，而環保才是關係到人類存續的百年大業。

歐美各國的環保工作比日本推動金融管制放寬的成效還要卓越。例如德國，包裝紙的簡化、銷售商對消費者使用後的瓶罐、電氣製品等的回收責任等都管制得相當嚴格。汽車企業的賓士等也積極研擬環保對策。雖然對企業而言將會增加不少成本負擔，但若不關心環保問題，一旦消費者發起拒買運動，企業將無法永續經營下去。

因此，德國銀行等金融機構也開始積極投入環保工作。歐盟(EU)為了提昇區域內環境保護的成效，實施了環境評估。企業可以自行決定是否接受該項監查，但是只要通過評估標準，則代表該企業積極實施環保對策，將會獲得社會各界的高度評價。

德國銀行非常積極配合此環境評估（《日經金融新聞》1995年2月15日），理由如下：

一，身為環保先進國的德國，與環境相關的法律條文總共超過9000條。如果是大企業，應該不難配合這些法規，但中、小企業就不太容易辦到了。因此，德國銀行便對這些企業提供環境對策的建言，致力開拓新的交易對象。在德國，企業也漸漸產生「擺脫銀行」的現象，大銀行正好可以把握這個機會來擴大與中小企業的交易。

二，環境對策的投入程度為銀行融資（授信）審查中的一大考量要素。如果環境對策實施得不夠徹底，例如企業的環境污染，像是藥品的流出等，光是處理這些問題就得耗費龐大的費用，同時該企業的股價還會下跌。因此銀行便將環境對策反映在授信上，以儘量減少融資風險。

當然，德國銀行之所以採取環保對策，也可能是為了要挽回因內線交易和不動產業者的失蹤事件而損害的形象。不過，動機為何並不是太大的問題，重要的是有沒有將環保對策付諸行動。

而且，就算為了擴大交易，也應該對重視環保問題的企業給予低利融資，這才是銀行對環保問題該有的作為。在日本，有些大銀行設立了自然環境保護帳戶，但是這只不過是將存戶的存款利息捐贈給環境保護團體的帳戶，並非以銀行為主體對環保貢獻心力的帳戶。日本的銀行也應該仿傚德國，對積極投入環保工作的企業給予優惠待遇，儘管因此會減少一些收益，但這種積極的作為才是值得肯定的，將眼光放長遠來看，銀行的收益應該不會極端減少。

此外，德國的環保銀行拒絕融資給破壞環境的企業，只融資給關心環保問題的企業，這是一般金融機構今後應該追求的目標。

7.證券公司

長期的證券不景氣使得證券公司的經營日漸惡化。特別是在證券市場一片低迷的1994年9月期的決算中，證券公司的財務體質明顯惡化，自有資本比率愈來愈低。證券公司的自有資本比率係指在證券業務產生風險的場合，顯示支付能力等財務健全性的指標。

大藏省對於自有資本比率低於200%的證券公司特別加強監督，給予限制配股等的指導。此外，如果低於150%以下的話，則不允許該證券公司設立新的分行。

在股價一片低迷的1994年9月期的決算當中，自有資本比率低於200%的證券公司一共有十一家，其中準大公司三洋證券為166.4%，約160%的公司共有四家，約150%的公司有一家。此外，上市公司中勸角證券、山種證券、國際證券的累積損失已蠶食到盈餘，COSMO證券的

法定準備金已經沒有剩餘，累積損失甚至高到不得不動用資本金。在1995年3月期的決算中，除了野村證券之外，其他三家大公司與十家準大公司已經出現了經常赤字。

證券公司應該對泡沫經濟崩潰後營業額的激減採取因應對策，所以只好不斷削減人員及經費，即使每天的平均成交額只有4億股也得撐過去，在困境中改善經營體質。

證券公司如果一直沿襲以往的經營模式，將提早被淘汰出局。日本金融大改革倘若真正實現，證券市場的透明性、公平性、公正性將愈來愈高。以美國投資銀行的方向為目標的證券公司也會陸續登場，積極仲介企業的M&A，以承銷為中心來推動業務。特別是今後的企業係以發行證券或CP來調度資金，因此，投資銀行業務的重要性將會愈來愈高，是否具有正確因應企業需求的金融商品開發能力正是證券公司今後被嚴格要求的條件。

股票的經紀商業務與自營商業務最好分開進行。經紀商業務專門公司與自營商業務專門公司的分開，對於雙方是否都能夠獲利這個問題，可以設立金融控股公司，加入其旗下來解決，這點務必要實現。因為一旦兼營雙方的業務，極有可能會產生利益衝突。例如，自己可以先買進大量股票，並推薦客戶買進該股票以拉抬股價，在此階段就順手將股票賣出，來獲取龐大的利益。

股票買賣手續費在1999年底已經完全自由化。因此，證券業界的競爭將進入白熱化的階段，進而帶動證券業界的重整。今後將會出現①自己推動業務的證券公司、②加入大銀行旗下的證券公司、③藉由合作或購併來擴大規模，與外國的證券公司合作等充滿獨特風格的證券公司、④和以往一樣與客戶保持密切關係，致力於健全經營的證券公司、⑤不提供投資資訊，但將買賣手續費降低的折扣經紀商等各種

型態的證券公司。如果不是對股票或債券很專精，或者擅於M&A，或是擅長拉攏個人顧客等具有特色的證券公司，將無法在今後激烈的競爭當中脫穎而出。

證券公司將由執照制變更為登錄制。因為沒有經手應受到保護的金融商品，所以即使破產，只要沒有不當行為，客戶基本上不會受到損害。因此，證券交易等監察委員會為了防止不當行為產生，將對證券公司進行相當嚴格的檢查與監督。

在此應留意的大前提便是必須徹底揭露業務內容，為了確保證券公司經營的健全性，將徹底管制其自有資本比率。

8.保險公司

保險審議會在1992年6月17日提出「新保險事業的理想型態」之報告。隨後在1994年6月24日彙整出一份報告書，內容包括此報告在法制上的檢討結果與表示其推動方向的「保險業法等的修正」。在這份報告書當中提議應該採取維持健全性的措施。

因此便導入了依據支付能力(Solvency Margin)基準的預警系統。亦即「大藏大臣必須仔細審查保險公司的資本、準備金、其他的合計額、承接的保險契約相關之保險事故是否超出一般的預測，或是因其他理由而可能產生危險之相當額、財產狀況等。大藏大臣認定若不採取適當的措施，可能會危害保戶權益時，可以要求該保險公司提出確保經營健全性的改善計劃，此外也可以命令該保險公司採取確保經營健全性的必要措施」。

「大藏大臣依據保險公司的業務或財產狀況，認定該保險公司應該進行合併、業務及財產管理的委託、保險契約的移轉等其他必要措施時，可以對該保險公司發出採取這些措施的勸告」。

日本政府為了因應保險公司的經營危機而設立了「保戶保護基金」作為資金援助制度，使保護保戶的功能更加明確化。

在報告書當中還附加了「相互公司的基本概念」一項。藉此來釐清相互公司的存在意義，其內容如下所示。

「相互公司是以員工相互投保為目的而設立的公司，員工對公司支付保費，相對地，公司對員工給付保險金，此保險事業的結果若產生盈餘，則分配給所有員工。因為除了員工之外沒有其他的出資者，所以員工（亦即保戶）不需要負擔分配給出資者的資金」。相互公司因為具有此種結構，所以員工「基於實報實銷的理念，可以較低的保費得到保險的保障」。

另一方面，在報告書中尚有規定相互公司可以將其組織變更為股份有限公司。

組織變更時需要得到大藏大臣的認可，但必須符合下列基準：
‧組織變更不可損害員工的權利，而且應該確保員工之間的公平性。
‧不可因組織變更而影響到保險公司業務的營運。

相互公司的型態雖然也有前面所述的優點，但股份有限公司的型態則包括了經營內容公開、股東大會的經營檢查功能、利用發行證券來進行資金調度（但是，法律修正後也認可相互公司債的發行）等諸多優點，因此，相互公司應該全數變更為股份有限公司的型態。

9.壽險公司的提存方式

各家壽險公司確定了自1997年期決算開始要公佈保險金支付資金（責任準備金）提存方式的方針（《日本經濟新聞》1997年2月28日）。

保險金的責任準備金之提存方式目前採用以下二種方式：一，每年提存均等金額的標準責任準備金方式；二，在契約期間最初幾年降

低提存金額的方式。

　　雖然最後提存的金額都一樣，但就第一年度的提存金額來看，最初幾年降低提存金額的方式比標準責任準備金方式可以減少二到三成。其結果，在帳面上也比標準責任準備金方式多出一些盈餘。

　　當然，這種方式是將保險金的支付資金延到以後再提存，因此，保險公司並不可任意選擇此項方式，選擇此項方式的保險公司必須得到金融監督廳的認可。雖然各家壽險公司有義務在最後提存必要的金額，但此種方式卻隱含著很大的問題，財務報表當中過去並未記載企業是採用何種提存方式。

　　如果按照一般人所認為的分類方法，亦即大型壽險公司與部分體質良好的中型壽險公司採用標準責任準備金方式，經營狀況不佳的壽險公司（以及收益性並不看好的產險壽險公司）採用最初幾年降低提存金額方式的話，壽險公司就必須公佈其採用的提存方式。因為就原本的宗旨來看，這種方式本身不應該是經營惡化的象徵。

　　如果是因為經營惡化而不得已採用第二種方式的話，就保護保戶的觀點來看，必須即刻將這個事實公佈出來，而採用此方式的壽險公司有義務將自己公司健全的經營狀況明確告知保戶以及一般大眾。以結論來說，與其如此大費周章，還不如立即將此種方式廢除。

　　投保應該要用保戶自己的資金，保險公司不可以為了增加客戶，而勸誘保戶向銀行貸款來投保。此外，應該禁止企業以企業本身為受益人，為員工投保團體保險，這是因為企業曾與員工之間為了保險金受益人的問題而產生許多糾紛，而且問題愈演愈烈，所以在1997年3月底到5月底這二個月之間團體保險契約總額就減少了約35兆日圓,原本契約總額為556兆2,500億日圓。

10.專門金融機構的存在意義

　　所謂日本金融大改革係指徹底消除金融管制，將金融業務完全交給金融機構自由競爭。因此，經營效率不彰，或是沒有積極進行經營合理化的金融機構自然會被淘汰。如此一來，才能夠對客戶提供高品質低成本的金融服務。

　　不過，日本國內根本無法提供均等的金融服務，這是因為位於都市區的金融機構經營效率較佳所致，都市區的居民可以享受到範圍較廣、品質較高、成本較低的金融服務。但是，今後的金融業務已經不再需要「分行」，只要利用電話、傳真、個人電腦等即可接受到金融服務，因此銀行是否地處都市區就不是那麼重要了。

　　然而，今後在金融機構當中也需要有非營利的合作社組織，信用合作社當中也可以有以藥劑師等為對象的信用合作社、或是以警察等為對象的信用合作社，這種以職業來劃分的信用合作社之存在意義將會愈來愈大。當然，這並不代表以一般民為對象的非營利信用合作社完全沒有存在意義。

　　信用合作社的理事長兼任其他公司的總經理，將吸收到的存款用在自己公司的重整上，這是絕對不被允許的事，這在〈金融機構經營健全性確保法〉當中有明文規定。但是，東京都於1996年度在有兼職官員的13個合作社當中，97年度有2家合作社的官員放棄兼職，剩下的11家合作社則仍允許兼職，結果東京都在判斷為不得已的情形之下只好默認此種制度，這實在是個大問題。此外，也應該禁止其吸收合作社社員以外的存款，以一般民眾為社員對象的信用合作社如果希望永續經營，就應該遵守此項規定。

　　如果不吸收合作社社員以外的存款就無法繼續經營下去的合作

社，最好將事業轉讓給其他金融機構，或是和其他金融機構合併以達到可維持業務的規模。如此才能夠全心全意提供市民最佳的金融服務。

東京的永代信用合作社在1989年成立了「市民銀行」，這主要是以低利融資給對於福利、環保、健康、社區有貢獻的企業，也只有不追求營利的合作社組織型態才有可能辦得到。如果積極從事此種業務，信用合作社的存在意義將會愈來愈大。此種作法自1996年起更推廣到東京都內的32家信用合作社（《朝日新聞》1997年4月20日）。

11.郵政儲金

隨著金融自由化的進展，郵政儲金民營化的議論也愈來愈熱絡。在金融機構相繼破產的時代裏，國營銀行一直存在，這對民間金融機構而言確實是一大威脅。因為每當銀行宣告經營破產，市民的存款就會流入郵政儲金當中。

郵政儲金之所以會增加，一方面是將存款放在郵政儲金比較安心，一方面是有以往民間金融機構所無法提供的定額儲金等金融商品。公營事業不可以與民爭利為郵政儲金民營化的主要論點。但是，隨著管制大幅放寬，以往和民間金融機構相比佔盡優勢的金融商品「定額儲金」的民間版也隨之登場。

例如，1995年10月，城南信用金庫推出了期間10年、隨時可解約、一個月複利的"Hyper Top"，1996年11月則推出了最長5年、經過半年後可自由提領、半年複利的"Super No.1"。隨後，富士銀行在1997年6月起推出了定期存款「自由計劃」，此項金融商品的存款期間最長10年、半年後可自由解約、半年複利，和郵政儲金的性質完全一樣。其設定的條件為存款期間如果在3年左右的話，郵政儲金會比較有利，但超過3年的話，則可以領到比郵政儲金還高的利息。

隨著1995年10月定期存款的存款期間限制解除之後，便可以利用換匯(Swap)等金融技術來規避利率上昇時的風險。如果是在以前，或許會威脅到民間企業，但金融界逐漸邁向自由化，只要發展金融技術，民間金融機構所推出的金融商品絕對不會比郵政儲金遜色。因此，可以說和以往相比，郵政儲金完全民營化的論點已經漸漸失去意義了。

　　民間金融機構之所以高唱郵政儲金民營化，與其說是因為吸收不到存款，還不如說是因為郵政儲金都透過財政投融資而流入各種公營金融機構；也有人認為他們其實是希望公營金融機構的業務能夠轉到民間來經營，但是，公營金融機構本身由於已經失去存在意義，也就沒有郵政儲金完全民營化的必要性了。

　　當然，由於郵政儲金規定不可以威脅到民間企業，因此必須推出在商品性上民間無法提供的金融商品。此外，郵政儲金的破產風險如果是零的話，假設有被評等為最高等級AAA的民間金融機構，則郵政儲金的利率必須低於該機構。在重貼現率0.5%的超低利率之下，極端來說，郵政儲金不但不可以附加利息，甚至還應該收取保管費。

　　由於在都市地區，民間金融機構為了提供金融服務而競爭的相當激烈，因此郵政儲金不可以在此地區太積極的推展業務。事實上，郵政省預計自1998年度起10年當中，要裁減7,000名郵政儲金和簡易保險的外勤職員。話說回來，郵政儲金真正的價值在於民間金融機構不大願意推展業務的鄉鎮地區，可以充分提供這些居民完整的金融服務，真正扮演好補強民間金融機構不足的角色，如此一來，簡易保險也不會威脅到民間保險公司的經營了。

　　郵政儲金和簡易保險所吸收到的資金必須運用在公債等較安全的資產上。由於利率低也無妨，所以根本不需要將資金投入風險高的金融資產。因此財政投融資是沒有必要存在的。

12.財政投融資與公營金融機構

郵政儲金與簡易保險所吸收到的資金如果由郵政省來自由運用的話，就不會有資金流向財政投融資了。以往郵政儲金和簡易保險所吸收到的龐大財政投融資的資金，係透過大藏省資金運用部轉到日本開發銀行、森林開發集團、水資源開發集團、電源開發股份有限公司等的大型開發事業當中，結果使得日本各地到處可見破壞自然的大型開發。

因此，便有人認為「加入郵政儲金的人，等於是破壞自然環境的幫凶」（《朝日新聞》1997年4月20日），這就現狀而言或許是事實，但也不能將責任全都推卸給郵政儲金的加入者，郵政儲金也吸收了不少國際慈善儲金，將郵政儲金和簡易保險運用於郵政投融資的制度本身才是問題所在，改善此種情形著實刻不容緩。

財政投融資資金也投入了公營金融機構，但是因為民間金融機構的強化，使得金融制度愈來愈有效率，大部分的公營金融機構已經沒有存在的必要，只剩下收留政府官員空降部隊的價值了。如果公營金融機構所從事的業務是有必要存在的，不妨委託民間金融機構來進行，再由國家給予利息補貼與援助即可。

日本於1999年廢除了日本開發銀行，另外設立承接部分業務的新銀行，做為特殊法人改革的一環，並提出將北海道東北開發公庫整合到新銀行當中的方案。不過，此方案只不過是希望讓開發銀行來承接擁有約1,800億日圓之不良債權的北海道東北開發公庫，以掩飾因財政投融資失敗所造成的不良債權問題，其實只是想要逃避責任而已，此種作為著實不容原諒。

第五章

金融、資本市場今後的展望

一、東京金融、資本市場的空洞化

1.金融、資本市場的空洞化

　　泡沫經濟崩潰後，日本金融、資本市場的運作停滯，以致東京金融‧資本市場空洞化的問題逐漸浮上檯面。由於股價持續低迷，使得外國證券公司紛紛撤退，外國企業相繼下市，在倫敦的日本股票交易愈來愈活絡等，反映金融、資本市場空洞化的現象不斷產生。

　　根據大和總研表示，1994年10月東京證券交易所第一部的一日成交量為2,277億日圓，低於臺灣市場的2,458億日圓。此外，雖然東京市場呈現一片低迷，但倫敦市場的日本股票交易卻很活絡。號稱世界三大金融市場之一的東京市場的地位明顯滑落，可以由許多象徵性的事件看出端倪。

　　1994年11月28日，美國最大的保險公司保德信(Prudential)保險集團當中的保德信證券表示，將大幅縮小東京分公司的業務，包括退還東證會員權（東京證券交易所會員權），這是因為母公司保德信證券對業務重新評估後，裁撤東京市場中日本股票的交易業務的結果。

　　接著在12月5日，美系證券公司Kider Peebody證券決定清算東京分公司。不但將所有員工約140名全部解雇，而且還將證券業執照與東證會員權退還。

　　清算擁有東證會員權的證券公司是自昭和40年（1965年）不景氣以來之首遭。母公司GE並決定將Kider Peebody證券的主要資產賣給大型證券公司Penweber。在這種狀況之下，東京分公司根本無法在行情低迷的東京繼續經營下去。1993年春天，在County Nutwest證券退還東

證會員權之後，外國證券公司也頻頻跟進。

在證券市場持續不景氣的情況下，如果讓此事態一直演變下去，到了1995年3月期很可能會出現更多的撤退行動。如果找不到會員權的買主的話，東京證券交易所就必須退還每家公司約4億日圓的保證金。幸好最後並沒有淪落到這個地步，但嚴重的是，成為東證的會員已經不再具有魅力，這等於是宣告東京市場已逐漸沒落。

此外，在東京證券交易所外國部上市的企業也紛紛打退堂鼓，自1994年起一共有十七家公司宣佈下市。

日本證券市場空洞化現象另外一個明顯的例子就是倫敦市場的日本股票交易不斷擴大。倫敦市場中日本股票交易佔東京證券交易所的比率自1990年的6%，1992年的12%一直上昇到1994年的15%。但是，就倫敦市場中日本股票的成交量來看，1990年為10兆日圓，1992年為7兆日圓，1994年為13兆日圓，並沒有呈飛躍式的增加，這是因為日本市場持續不景氣，才使得倫敦市場的日股交易比率不斷增高。日本企業如果走向國際化，則在海外市場的股票交易自然而然會增加。

造成日本股票市場低迷的主因之一便是沒有將管制放寬，外資大都嫌東京市場管制太多，而紛紛將亞洲總部轉移到新加坡或香港。而中國大陸的企業也選擇在紐約上市，東京並沒有獲得青睞。

因此，東京證券交易所外國部便開始推動管制放寬。將上市所需的最低資產淨值、必要獲利額降到原本的十分之一左右，此外，並廢除「母國上市主義」，縮短公司設立後的經過年數。至於民營化企業的上市基準，也廢除了成為股份有限公司後需滿1年才能民營化的規則。由於一連串的管制放寬對策，使得中國大陸的國有企業等在民營化的同時也願意在東證上市。

2.金融自由化的必要性

高度成長係指實質經濟方面的經濟成長，由於戰前的重化工業過於偏重軍需生產，這些設備到了戰後變得毫無用武之地，為了擁有生產力，必須創造出新的重化工業，在這段過程中便造就了高度成長。同樣是敗戰國的德國由於戰前就已經擁有世界一流的重化工業，戰後並不需要重新製造，因此德國的高度成長在50年代的重建期間就已經達成。

另一方面，日本因為戰前的工業設備無法對戰後的生產發揮效用，必須重新製造，因此便實現了一直到70年代初期為止的長期高度成長，這正好和產業革命期的經濟成長相當類似。當高度成長結束後，便累積了龐大的金融資產。

經濟內部一旦累積了金融資產，便會產生希望加以運用來獲取金融收益的動機。如此一來，以往的金融管制和監督體制便成了絆腳石。

缺乏競爭對金融機構而言雖然可以保證高收益，但對使用者而言成本卻太高；因此，只有加強競爭，降低成本才能夠提高使用者的方便性。不只如此，還可以擴大資金運用者的金融收益，同時也會增加金融機構的收益。到最後，經營態度散漫或是經營不善的金融機構自然而然會被淘汰。由於大藏省長久以來施行的管制與監督都很嚴格，因此，基本的管制放寬是有必要的。

當然，在這段期間當中，金融領域的各項管制的確逐漸放寬。1993年4月，將銀行、證券分開適用到國際金融市場中的規定（所謂「三局指導」）也被廢除了，到了5月，更廢除了分行設置家數的限制，並簡化分行的區分及整合。 有關金融商品的管制方面， 6月時解除了Non-bank發行CP的禁令， 10月時則導入了存款期間最長4年的中長期存款

與最長3年的機動利率存款。

3.管制放寬5年計劃

在這樣的背景之下，大藏省於1994年6月提出了「金融領域管制放寬」的報告書，隨即在1995年4月又發表了管制放寬5年計劃。以下就來介紹在後者當中大藏省所發表的「國內外對管制放寬各項期待之檢討」的內容。

在金融領域方面，推動了存款利率的自由化、金融制度改革等的管制放寬。此外，在保險領域方面，則推動了以管制放寬、自由化、維持健全性、確保公正的事業營運為主要內容的〈保險業法〉修正作業。

在振興市場方面，預定要推動以下幾項管制放寬措施：①廢除固定利率型定期存款的最長限度（現行5年）；②重新檢討金融期貨市場之保證金制度；③放寬企業年金資產運用管制；④同意壽險及產險公司利用子公司方式來兼營雙方的業務；⑤引進目前未被認可的保險經紀人制度；⑥有關保險商品的條款、費率之計算方式，引進申報制並加以擴大。

在推動經營效率化方面，預定要推動以下幾項管制放寬措施：①簡化在日外國銀行分行的報告；②減輕放款業者在分行外設置CD機的登錄、變更申請事務的相關負擔。

在證券領域方面，自1984年以後，在金融、資本市場邁向自由化、國際化的情況之下，為了保護投資人，並振興證券市場，積極放寬各項管制，致力於確立具安定活力、公正且透明的證券市場。

此外，在這份報告當中也提到必須針對以下幾個主要事項放寬管制：①廢除新上市股票每週上市公司數的限制（自1995年4月起）；②

設置推動研究開發型、知識密集型等新事業之企業的店頭登錄基準特則（預計在1995年6月，日本證券業協會將對此進行檢討，依據其結論採取必要措施之後再實施）；③重新檢討是否應該廢除有關適債基準等項目（公開發表1995年3月之前包含廢除在內的管制放寬計劃）。

在國際金融領域方面，預定要推動以下幾項管制放寬措施。

海外證券發行之管制放寬：①有關歐元債、日圓計價外債（Samurai bond：外國人在日本發行的債券）等的發行，導入概括許可（申報）制度；②廢除非居住者歐洲日圓債的回流限制；③廢除有關居住者外債的適債基準。

投資人對海外商品的投資：①引進符合一定標準的法人機構可開設以外幣計價的海外存款帳戶的概括許可制，並且實施自由化；②可以直接購入符合一定標準的法人機構至海外交易所上市的金融期貨、選擇權。

外匯業務的管制放寬：①將證券公司在承接業務時，於換匯(Swap)之前需提出的報告更改為事後報告；②本國投資人在購入外幣證券時，為了確定以日圓來計算利息與償還金，證券公司可以與該本國投資人進行換匯。

4.證券市場的振興措施

自1990年初開始下跌的股價，經過了5、6年，始終沒有起色。終於陷入了1965年不景氣以來最嚴重的證券恐慌。這並非循環性的股價低迷局面，所以當時市場才會要求進行根本性的結構轉換。

由於股價呈現一片低迷，因此證券相關機構紛紛提議拉抬股價。此外，也有許多人從過去的經驗來判斷股價的走勢，就連0.5％這個史上最低的重貼現率也被調降。儘管如此，還是看不到股價回升的徵兆。

以往的經驗法則完全派不上用場，這就是為什麼會需要根本性結構轉換的理由了。

　　證券業界漸漸認清此次證券恐慌的本質，開始有人建議應該從根本的改革著手。1995年7月3日，大和總研整理出「振興股票市場的緊急提案」的振興市場對策。

　　在這份緊急提案當中指出，為了要一面尊重自由的價格形成，一面及早恢復股票投資的魅力，因此需要採取以下對策。

　　為了使景氣復甦，必須儘早實施以下幾項措施：①追加10兆日圓的財政支出並確實執行；②平成新政(New Deal)，亦即首都機能的移轉；③調降重貼現率及實質放款利率；④調降法人稅（營利事業所得稅）等。

　　為了打開封閉的狀態，必須配合以往的對策，毅然決然地實施以下幾項結構改革：①廢除經濟管制；②對保護管制領域引進競爭原理，並使就業彈性化，培植創投企業；③在釐清金融機構的自我責任之後，引進處理不良債權的公營資金；④不動產的流動化對策……等，使日本的經濟制度脫胎換骨，煥然一新。

　　企業的經營革新也是有必要的。重視資本及股東，善用合理的資本投資以消除自有持股，同時消除互相持股，並改善財務體質。此外，引進企業購併的市場原理也是改善企業管理極為有效的方法。

　　股票市場的崩盤或許和日本經濟本身的崩潰有關連，所以必須徹底放寬證券市場的管制、確立方便性和透明性。因此，應該檢討①廢除有價證券交易稅（證交稅）、認定配股課稅、配股雙重課稅；②加強市價公開資訊、相關資訊等的揭露，同時證券公司本身也要階段性地實施手續費的自由化（有關平均手續費率請參照圖表13），並檢討對證券業引進競爭原理，以上便是這份提案的內容摘要。

圖表13　證券市場改革計劃

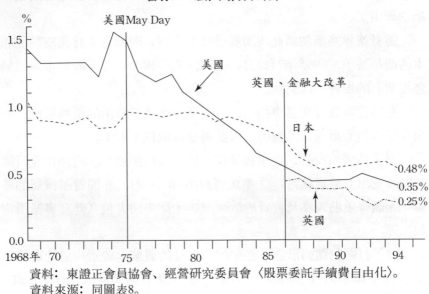

資料：東證正會員協會、經營研究委員會〈股票委託手續費自由化〉。
資料來源：同圖表8。

　　此外，野村綜合研究所在1995年7月5日也發表了「日本經濟再生的緊急提案」。

　　這份提案指出：①利用積極財政來解除需求落差；②引進公營資金，實施金融重整，加速銀行融資償還，使金融制度更加安定；③為了恢復股票投資的魅力，應廢除證交稅，並調整配股雙重課稅；為了促進購入自己公司股票，應廢除「認定配股課稅」；為了改善企業收益，應導入認股權(Stock Option) 制度；④促進市場開放並擴大出口……等。

　　日本面臨的經濟危機便是「日本型經濟制度」的僵化，必須實施根本性的結構改革。野村綜合研究所提案的基本理念就是①市場經濟的確立與自我責任原則的明確化；②機會均等與競爭條件的公正化；

③走向國際化；④企業自律與獎勵的建構；⑤資訊透明化的貫徹與告知義務的強化。

此外也提到在推動股票買賣委託手續費的自由化時，必須「與證券業務的自由化一起研議」。

在證券界當中首次正式提到股票買賣手續費應自由化的便是大和總研。此外，他們還提到應該將現行的執照制改為登錄制，這些都是觸及問題核心、一針見血的提案。當時日本證券協會的會長公司大和證券的研究單位能夠提出這樣的建言實在意義非凡，他們在提出這些建言時，想必曾遭到總公司大和證券的強烈反彈吧！

不過，證券業界以往一意孤行的營業方式已經無法行遍天下了。因此，證券業界應該對投資人提供經過客觀分析的資訊。證券公司的研究單位主要負責對法人投資機構提供正確資訊與投資建議，能夠提出這樣的建言，對於往後的金融大改革著實影響深遠。

二、日本金融大改革

1.經濟審議會報告

首相諮詢機構經濟審議會的行動計劃委員會金融工作小組(Working Group)在1996年10月17日提出以「如何振興日本金融制度」為題的結構改革方案。

此改革方案中提到，當歐美諸國和亞洲各國正加速推動金融制度改革之際，日本卻在這方面繳了白卷，市場間、制度間的競爭明顯落後，金融制度和金融產業完全不能和這些國家相提並論，目前日本正面臨著相當嚴重的危機。

為了克服這個危機，讓使用者能夠享受到效率高、品質優的金融服務，就必須跳脫「重視金融機構」的觀點和「護航方式」的窠臼，依據市場機制和自我責任原則來建構「重視使用者」的制度，儘早落實各項對策。今後的金融制度不僅是「健全而安定」，同時也是「效率與革新」的制度。

因此，改革並非「漸進式的、階段性的」，應該要一口氣將某種程度的改革完成。如果希望在國際舞臺上嶄露頭角、大放異彩，則必須加快改革的腳步，所以這份改革案便主張藉由「金融大改革」的方式，最遲在1999年底之前一舉實現全面性的改革。

以下就簡單介紹此改革案的概要。

(1)實現多元化的競爭

就促進金融機構相互競爭的觀點來看，為了讓金融領域的各體系之間，以及非金融領域更加容易進入金融領域的市場，原則上必須廢除加入管制、業務內容及方法等的限制、禁止、許可等，貫徹例外管制。在例外管制時也要在法令中限定列舉，儘可能排除通告、行政指導等行政裁量的必要性。

有關業務領域管制的廢除如下所示：

- 完全廢除異業別子公司的業務領域管制。
- 有關產壽險子公司所經手的保險商品，許可產壽險子公司各自的全線(full line)業務。有關保險公司與銀行、證券公司等其他體系的金融機構利用子公司方式交叉經營者，不需要在各自體系中設有業務範圍限制即可得到許可。
- 建構一個在普通銀行等的存款金融機構中可發行金融債的環境。
- 在銀行中除了開放有價證券的折扣經紀業務(Discount Brokerage)之外，也同意證券投資信託透過銀行等的窗口來進行銷售。

・保險商品的銷售與保險的承接不同，業者並不需要承擔風險，為了擴大銷售通路，藉由多樣化來促進通路間的競爭，並提高使用者的方便性，因此便放寬或廢除保險商品在銀行窗口進行銷售及郵購等的相關管制。

・廢除利用租賃信用公司(Lease Credit)進行資金調度的相關限制。

・對存款金融機構以外的機構開放部分結算服務的功能。

　　雖然開放設立金融控股公司，但依然維持金融公司持股限制規定之宗旨。

　　〈證券交易法〉分為規定市場參加者應注意事項的市場法〈資產交易法〉，以及管制交易業者的業法〈資產管理、運用服務業法〉。依據此法，將以市場為對象和以業者為對象的部分分開，以對證券市場的發展有所貢獻。

⑵資產交易的自由化

　　資產交易的自由化包括以下措施：①為了提高資本市場的功能，應藉由有價證券買賣手續費的完全自由化，以及證交稅的廢除等作法，來對證券稅制做根本的檢討；②放寬交易所外交易的管制；③積極引進新的金融技術；④改革公司債的發行及流通市場；⑤引進股票選擇權制度……等。

　　除了放寬與廢除資產運用與金融商品設計管制之外，也希望能夠廢除保險公司與企業年金、證券投資信託、商品基金運用的相關管制。

　　有關外匯管理制度方面，必須在原則自由、例外管制之下，於法令中限定列舉管制事項，以排除行政裁量的必要性。

⑶管制、監督體制的重新檢討

　　日本的金融制度為了在國際「制度間競爭」中爭得一席之地，必須重新檢討管制、監督體制。有鑑於此，有必要改善金融機構破產處

理制度的基礎、將以往過度保護金融機構的裁量型行政轉換為重視市場機能的規則型行政，並強化金融業的競爭政策。

此改革案對於因應限定期間緊急執行的事項、與各政府單位沒有做好協調的事項、日本金融制度未來的面貌等都有詳細的說明，深獲好評。而且此改革案不斷強調必須使競爭原理運作，在原則自由、例外管制之下，於法令中限定列舉管制事項，以排除行政裁量的必要性，這點極為重要，因為日本金融、資本市場的結構轉換已經不容再延宕了。

2.報告的問題點

然而，這裏也有一些問題點不得不提出。

· 金融控股公司已經解禁，既然要實現此目標，就不需要擴大目前產生許多問題的異業別子公司的業務範圍，應該在報告中主張停止利用異業別子公司方式來從事金融改革。

· 在引進資產管理、服務業的項目中指出，「支付方法的承作、投資」業務，就確保金融制度的安定性與保障存款人的觀點來看（保險承作業務是就保障保戶的觀點來看），屬於執照制的對象，其他都是屬於登錄制的對象。而在存款承作金融機構當中，儲蓄性存款等的承作機構則被排除在執照制的對象之外，這是基於維護結算制度，亦即"Narrow bank"論而產生的概念。不過，此議論未必會得到學會人士的支持，如果政府的審議會要將此議論列入今後的方向會產生很大的問題。

· 報告中指出，為了防止不公正、不當的交易發生，應該徹底實現廣泛的競爭與資訊透明化，而在防火牆(Fire Wall)管制當中，有關利益衝突（例如，在母銀行的影響力之下擴大證券子公司的業務）的項

目必須廢除，這便是問題所在。因為在金融自由化，競爭原理充分發揮功能後，就防止不公正、不當交易的觀點來看，防止利益衝突的重要性在今後將會日漸升高。

· 在資產交易的自由化方面指出，實現「高收益率且風險低的資產運用」就國民經濟性而言極為重要，但是果真是如此嗎？所謂高收益率代表的是高風險。而保護投資人並不是要讓投資人賺錢，而是藉由資訊揭露，讓投資人掌握風險的高低，「高收益率且風險低的資產運用」只會讓投資人更困惑而已，這二件事根本就是互相矛盾，應該充分說明，讓投資人確實了解。

· 如果希望轉換成規則型(rule)行政，為什麼不提出大藏省根本的改革方案呢？雖然期待今後會提出，但既然為了振興日本金融制度，而提出必須轉換成規則型行政的方案後，就應該立即將大藏省的財政政策和金融行政完全分離，而將金融機構的監督工作委託給獨立機構。

3.金融制度改革

1996年11月11日橋本首相向大藏省和法務省直接指示，在相關經濟結構的改革（行政改革、財政結構改革、金融制度改革、經濟結構改革、社會保障結構改革、教育改革）當中，金融制度改革必須在2001年以前實施。

此改革案目的在於形成Free（依循市場原理，自由的）、Fair（透明且公正的）、Global（國際化且尖端的）市場，在2001年以前必須將保障存款人、保障投資人、防止不當交易等的管制減少到最低限度，如下所示，大幅實施金融自由化。

為了形成依循市場原理的自由市場，因而促進銀行、證券、保險

領域相互進入各自市場，導入民間活力。廢除依據都市銀行與長信銀的長短分離之商品管制，都市銀行等可以發行金融債，也可以兼營信託業務，同時為了擴大銀行和證券公司承辦的業務，原則上廢除證券投資信託和商品基金的運用規則，提供廣泛滿足需求的多樣化資產運用商品及服務。

實施股票手續費及產險費率等各種手續費的自由化，使服務與商品的銷售能夠更為多樣化。廢除匯銀主義（只認可外匯銀行進行外匯交易），使內外交易自由化。藉由資產運用業務管制的重新檢討與資訊揭露的徹底推動，使高達1,200兆日圓的個人金融資產能夠更有效率的運用。

為了形成透明且公正的市場，藉由徹底推動對投資人、存款人的資訊揭露以及規則的明確化來確立責任自負原則，將違反規則的處分加以體系化。為了讓投資人可以完全掌握所有金融商品的未實現損益，應徹底引進市價會計。

為了創造國際化且走在時代尖端的市場，應改良刑法等的法律制度，並推動會計制度的國際標準化，在日本也可以像美、英等國一樣，利用衍生性金融商品等高風險的新金融技術；此外，也重新檢討證交稅等的金融稅制。

我們期待藉由以上的金融制度改革，可以振興日本經濟，以增加來自海外的投資，防止經濟、金融的空洞化。1997年5月在修正〈外匯及外國貿易管理法〉的同時，大藏大臣的各種審議會也在6月相繼發表了使金融制度改革具體化的報告。

4.大藏省審議會報告

　　1997年6月13日,大藏大臣的三個審議會公佈了表示日本金融制度根本改革方向的日本版金融大改革的內容 (請參照圖表14、15),以下就來介紹其中幾項較具特色的內容。

⑴金融制度調查會

‧銀行進行分公司化,或是像證券公司、信託銀行一樣,希望藉由異業別子公司的方式來交叉經營的金融機構,甚至是保險公司都必須能夠在金融控股公司之下子公司化。

‧為了讓銀行等企業能夠進行投資信託,必須進行修法,基本上應該同意保險商品的銷售。

‧計劃在1997年下半年度將銀行的證券子公司中除了現貨股票等業務之外的所有證券業務解禁,並將信託銀行子公司中除了年金信託、合約基金信託之外的所有基金信託解禁,在1999年下半年度中將開放所有業務。此外,最遲在2001年之前應該實現銀行、證券公司、保險公司利用異業別子公司來交叉經營 (不過,如果認可金融控股公司的話,就應該禁止問題很多的異業別子公司的存在)。

‧在1999年下半年度中,解除普通銀行發行普通公司債等的管制,並廢除長短分離管制,這是適當的作法。但是將金融債的發行擴大到普通銀行並不適當。(如果真的廢除長短分離管制的話,便應該禁止長信銀發行金融債,和普通銀行一樣認可普通公司債的發行。)

‧有關針對廣泛的金融服務進行整合性管制的新法律體制,亦即〈金融服務法〉的制定,必須加以檢討。

圖表14　金融市場改革計劃

	1997年度	1998年度	1999年度	2000年度	2001年度
1.商品、業務、組織型態的自由化、多樣化					
(1)活用控股公司制度	■	■			
(2)推動ABS（資產擔保證券）等債權的流動化	■	■			
(3)承辦衍生性金融商品		■			
(4)利用銀行等來銷售證券投資信託		■			
(5)利用銀行等來銷售保險商品					■
(6)重新檢討異業別子公司的業務範圍、弊端防止措施					
①銀行業務、證券業務、信託業務	■	■	■		
②保險業務、銀行業務等其他的金融業務		■	■		
(7)廢除與普通銀行的長短分離制度相關業務上的管制		■	■		
(8)廢除外匯專門銀行制度		■			
(9)地區金融機構的角色	■----→		■		
(10)電子貨幣、電子結算	■------→			■	
(11)使Nonbank的資金調度更為多樣化	■	■			
2.強化市場、交易的基礎及規則					
(1)金融期貨交易的理想型態		■			
(2)強化短期金融市場	■	■			
(3)強化會計制度	■	■			
(4)保護金融機構等的使用者	■------→			■	
3.確保金融制度的健全性					
(1)引進「早期糾正措施」	■	■			
(2)強化結算風險的削減對策	■	■			
金融服務法	------	------	------	------	------

資料來源：金融制度調查會。

(2)證券交易審議會

- 極力消除事前的商品、業務管制，建構一套能夠發揮多樣創意的體制，同時必須將以事前預防為主的行政轉換為以事後檢查為主。因此，為了謀求資訊揭露和公正交易，要強化各項規則，充實監督、處分制度，同時要求市場參加者具備自律精神。

- 建構一套可提供多樣商品的體制。為了強化投資信託，除了引進證券綜合帳戶（請參照第145頁）和私募投資信託之外，也要引進公司型投資信託；此外，也應該引進透過銀行等管道來銷售投資信託的方式。

- 所有市場參與者應該慎重檢討適用一貫性原則的新法，即〈金融服務法〉的制定等事宜。

- 證交稅和交易所稅應該加以廢除。此外，金融商品所產生的收益之課稅方式應該加以檢討。

- 為了因應投資人交易需求的多樣化，應廢除交易所集中義務，強化店頭登錄市場的功能，並將透過未上市、未上櫃股票的證券公司進行交易的禁令解除。

- 防止利益衝突行為發生、禁止操縱行情及內線交易等相關規則應加以擴充，並充實、強化檢查、監視、處分制度。此外，也應該加強透明且公正的資訊揭露制度。

- 廢除證券公司的專業義務，認可業務的多元化。認為母公司或子公司不適合的業務，應該在消除風險之後，活用控股公司，以自由展開業務。

- 股票買賣手續費計劃在1999年底完全自由化，其前置階段應該將原本成交金額超過10億日圓予以自由化的規定降低為最低5,000萬日圓。

圖表15　證券市場改革計劃

	1997年度	1998年度	1999年度	2000年度	2001年度
1.投資對象(具魅力的投資對象)					
(1)引進新的公司債商品					
(2)證券衍生性金融商品全面解禁					
(3)投資信託的強化					
①引進證券綜合帳戶					
②引進銀行等的投信窗口銷售					
③引進私募投信					
④引進公司型投信					
(4)擴大有償證券的定義			→		
(5)提升企業活力並促進資本有效的利用					
2.市場(可信賴且具有效率的交易體制)					
(1)改善交易所的交易並廢除交易所集中義務					
(2)改善店頭登錄市場的流通功能					
(3)將透過未上市、未註冊股票的證券公司進行交易的禁令解除					
(4)強化融券市場					
(5)強化證券交易、結算制度				→	
(6)加強檢查、監視、處分以及紛爭處理制度				→	
(7)落實資訊透明化(Disclosure)				→	
3.市場仲介者(因應顧客需求的多樣化服務)					
(1)股票委託手續費自由化					
(2)廢除證券公司的專業義務並使業務多元化					
(3)活用控股公司					
(4)強化資產運用業					
(5)充實證券公司的健全性檢查					
(6)改革仲介者的加入管制					
①由執照制轉換為登錄制					
②促進交叉經營(廢除異業別子公司的業務限制)					
(7)加強破產處理制度					
①徹底實施分類管理					
②強化寄託證券補償基金					
重新檢討證券稅制					
轉換為新金融行政體制					

資料來源：證券交易審議會。

- 為了強化資產運用服務，除了要建構比投資信託還有效率的運用體制之外，對於證券公司也要徹底制定防止不當行為和利益衝突的規則，並引進Wrap Account（請參照第151頁）。
- 為了能夠自由加入各領域，計劃將證券公司的執照制改為原則登錄制。有關店頭衍生性金融商品或承銷業務等重視業務專門性及高度風險管理的業務，就確保必要仲介者的品質來看，將改為認可制。
- 自1997年下半年度開始，對於銀行系證券公司，計劃將除了股票相關業務之外的所有業務解禁，並自1999年下半年度起將所有業務管制廢除。雖然認可銀行利用控股公司方式來從事證券業務，但其業務範圍應和子公司適用同樣的規定。
- 就銀行的健全性和對股票市場的影響來看，銀行擁有大量的股票並不是一件好事。

(3)保險審議會

- 任意汽車保險、火災保險、意外險方面，廢除公定費率的遵守義務。
- 就保護保戶及確保保險業信用的觀點來看，應該引進「早期糾正措施」及支付保證制度，並在2001年之前實現保險公司及其他金融體系間的相互經營，這些都是適當的作法。
- 在引進控股公司時，為了保護保戶，並確保保險公司的健全性，必須建構有效率的監督體制，並迅速推動各項準備。
- 以2001年為目標,銀行等銷售其子公司或關係企業保險公司商品時,同意銷售有關房屋貸款的長期火災保險及信用壽險商品，這是適當的作法。至於利用保險公司以外的金融機構銷售保險商品時，為了確保適當的銷售以及保護保戶，應該適用〈保險業法〉上的規定。

5.投資人責任自負原則的貫徹

　　如上所述，在不斷放寬、廢除各項管制之下，存款人和投資人的責任自負原則將愈來愈重要，而且不可或缺。

　　在日本，一旦股價下跌，蒙受損失的投資人就會對證券公司及大藏省發出不平之鳴。特別是在NTT官股釋出之際，情形更為嚴重。投資人大都認為這是國營機構，應該不會有問題才是，因此紛紛大量買進該股票，結果在第二次官股釋出之後，許多投資人都損失慘重。為什麼會造成這種結果呢？因為證券公司儘管知道會造成損失，卻若無其事的推銷，使得蒙受損失的投資人憤而將矛頭指向證券公司的營業員。

　　當然，為了增加國內的財政收入而「拉抬」股價，或是為了維護國家的「威信」而「提高」持有股票的標售價格，這種作法當然會遭到人民的批判。此外，證券公司一味說好聽話，頻頻勸誘投資人買進，以賺取手續費的經營態度也必須有所改善，這點是無需贅述的。

　　不過，證券是屬於一種價格變動商品；即使是債券，雖然基本上在償還時會依面額來支付，但在這段期間內價格還是會變動。因此，證券買賣一定會獲利的情形除了少之又少的特例之外，幾乎是不可能的事。因此，投資人必須在做好價格可能會下跌（甚至跌到零）的心理準備之後再進行證券投資。因為無論證券公司說的多麼天花亂墜，在蒙受損失的場合，投資人還是得自行負責。

　　證券公司的損失補償問題在於證券公司對於在價格變動商品的買賣中蒙受損失的企業或是大額投資人會補償其損失的一部分，而許多人強烈批評這是對大額投資人的優惠，對散戶投資人的忽視。不過，其本質並不在於忽視散戶或小額投資人，而在於投資人為了逃避責任

自負原則的舉動上，這並非補償散戶投資人的損失即可解決的問題。不過，在固定手續費制之下，鉅額投資人要負擔比散戶投資人更高的手續費，因此，甚至有人提出謬論表示，所謂損失補償，只是將較高的手續費退回，一點問題也沒有。

某大學的證券市場論教授出了以下考試題目：「請敘述存款人保護與投資人保護的差別」，聽說有學生居然回答「所謂投資人保護就是指不使投資人蒙受損失」。說句不客氣的話，日本的投資人似乎就處於這樣的水準。

企業進行徹底的資訊透明化、提供正確的資訊、擁有公平的投資機會、對內線交易情形徹底管制、證券交易等監察委員會大幅增加人員並強化其功能等，必須建構一個讓投資人可以依據自己的投資判斷安心投資的環境。此外，也要在企業會計中反映市場價格，採用能夠更正確公開企業經營現況的市價評估。

6.日本金融大改革的方向

如上所述，大藏大臣的三個審議會明確勾劃出日本金融大改革的具體方向。雖然對銀行從事保險業務的規定還不夠充分，但日本總算正式踏出金融改革的第一步。

自1997年9月起，投資信託吸收未上市股票（有一定的限制）得到許可，自同年10月起，從證券公司的MMF等帳戶自動扣除公共費用的證券綜合帳戶也得到許可。自同年12月起，銀行租借店面給投資信託公司進行投信業務的「店面出租方式」也被解禁。自1998年12月起，透過銀行與產壽險公司進行的投信業務也正式展開。

金融管制的放寬與廢除係指徹底保護投資人與存款人，防止不當行為發生，在嚴格遵守這些規則之後，再將業務活動交由市場自由競

爭。監督當局可以站在「性惡說」的立場徹底取締。因開放新加入者的參與，所以經營效率不彰的金融機構將漸漸被淘汰，而可以將以往眾多金融機構享受的「暴利」歸還給使用者，以降低使用者的成本，大幅改善金融服務的品質。

一向被認為是金飯碗的金融機構員工的薪資將會降到製造業的平均水準，分行也不會再那麼氣派華麗，也無法在高級地段設立分行。金融服務將會出現愈來愈多利用電子貨幣、電話銀行以及網際網路的交易，因而不再需要那麼多的分行。在歐美各國，正以迅雷不及掩耳的速度展開分行的整頓。

〈外匯法〉修正後，投資人可以自由地到海外投資。因此，如果希望制止個人金融資產流向海外，金融機構必須全力開發出具有魅力的新金融商品。此外，由於以往銀行獨占的外匯業務，已經可以由銀行以外的機構來承辦，特別是出口企業的成本將會明顯地降低。

金融管制放寬、廢除之後，可以用較低的成本提供客戶品質更佳、更廣泛的金融商品。只有經營效率高、合理化經營的金融機構才能夠永續經營，反之，理所當然會被淘汰。其結果對使用者而言，方便性較以往提高。對企業而言，除了事業所需的金融服務品質提昇之外，成本也相對降低，所以可以為企業帶來更高的收益。

此外，存款幾乎領不到利息的現象不會繼續存在，個人存戶或投資人可以選擇各種低成本的金融商品。但是，這裏的問題在於，接受金融服務時，「高風險、高報酬」的大原則必須要貫徹。利率或收益率高的金融商品，在流通時其價值很可能會低於當初所投資的金額，最嚴重時甚至會變成廢紙一張，投資人必須做好接受這些風險的心理準備後才可以從事各種投資。另一方面，金融機構也應該將各種金融商品的風險性仔細為投資人說明，確認已經理解後才可以銷售該商品，

如果違反此原則，一旦產生損失時，必須負起賠償責任。

　　金融管制放寬、廢除之後，可以自由地從事各種金融業務，因此必須徹底加強保護投資人和存款人的規則。有鑑於此，金融機構監督、檢查、取締的作業必須比以往更為嚴格。金融機構貫徹高度倫理觀及規律，投資人、存款人貫徹責任自身負則正是日本金融大改革最終的方向。如果成功朝此方向邁進，日本的金融、資本市場勢必會達到歐美諸國90年代中葉的水準。為了能彼此勢均力敵地競爭，有必要進行更高品質的金融大改革。

三、〈外匯法〉修正與金融交易

　　妨害日本金融、資本交易國際化發展的〈外匯及外國貿易管理法〉，亦即〈外匯法〉的修正案在1997年6月於國會正式通過，1998年4月開始施行。該法的名稱也改為〈外匯及外國貿易法〉。

　　〈外匯法〉於1949年制定，1980年將國內外交易改為原則上自由進行。但是，外匯買賣與貨幣相關的衍生性金融商品交易等除了一部分的指定證券公司之外，都集中在外匯指定銀行，外匯業務的專門人員也都集中在這些銀行，這稱為外匯指定銀行制度或是外匯銀行主義。另一方面，個人及企業不透過外匯指定銀行來進行交易時，有義務在事前得到許可並提出申報。

　　在業務活動走向國際化之際，應該要積極爭取商機，迅速進行國內外交易。不過，由於事前的許可與申報制度為妨礙交易的主因，只好透過銀行，繳納不必要的手續費。因此，便將〈外匯法〉修正如下。

1.〈外匯法〉修正概要

· 除了一部分的直接投資或經濟制裁等情形之外,在與外國進行直接交易時,事前的許可、申報制度全部廢除。如此一來,企業及個人可自由與海外的企業或個人進行資本交易或結算等。例如,可以自由地利用海外存款來支付進出口貨款等的結算或多邊的互抵結算(或淨額清算)(Multi-Netting),以提高資金結算的效率。此外,不論是居住者或非居住者,都可以自由地與任何對象從事外匯買賣、期貨預約、換匯、貨幣選擇權等交易,使集團內企業可以集中管理外匯風險,並正確的因應顧客的需求。

· 使外匯業務自由化。為了振興東京市場,去除〈外匯法〉中的外匯管制,讓市場參加者可以與銀行一樣從事外匯買賣與貨幣相關的衍生性金融商品交易等外匯業務。此外,外匯指定銀行制度、指定證券公司制度、外幣兌換業者制度也被廢除。由於以上各項修正,廢除了外匯業務相關管制,使得所有市場參加者都能夠自由地活動,同時也可以自由加入並退出外匯業務。我們殷切期待銀行等的國際競爭力能夠因此而強化,也希望增加更多市場參加者來刺激競爭,以加強市場的體質。

· 銀行從事外匯業務時,為了確保經營的健全性,必須依據〈銀行法〉等相關法規適當地進行。銀行以外從事外匯業務者也應該遵循相關法規,徹底將資訊公開,同時在責任自負原則之下,使市場的檢查機能有效發揮作用,成為健全的市場參與者。此外,也有必要加強整備外匯交易時保護投資人與防止不法交易的相關法律。

· 將事前提出報告的作法改為事後報告制度。為了達成對外交易的正常發展並安定外匯行情,必須要求市場參與者提出報告,以製作國

際收支統計等並正確掌握市場動向，同時積極提供市場參與者有關國際金融交易的動向等必要資訊，以順利推動市場機制。另一方面，也必須充實可掌握國際資本交易的統計內容，加強有關國內外資本交易等具實效性的事後報告制度。

2.修正後的動向

日本流通成本之高只能用異常來形容，但最近個人進口業務卻愈來愈盛行。現在不但可以在外國開設的存款帳戶自由進行貨款的結算，而且也可以在海外開設以日圓計價的存款帳戶。如果個人進口可以用日圓計價的話，即可規避外匯變動的風險。

如此一來，代理個人進口業務，或是代為開設存款帳戶來進行結算的服務將成為熱門行業。結果將造成日本流通業界重整、價格降低、外匯行情對進口商品價格的敏感反映等現象。

不過，此種情形應該注意的是，在進口商品的品質和交期等方面發生糾紛，或是在結算時產生問題時沒有解決對策是非常危險的。特別是利用網路交易者的增加，不免令人擔憂將會造成眾多的糾紛。從事個人進口業務或結算時，應該在具有充分知識並研擬出解決糾紛之道後再進行為佳。即使是同樣的產品，如果想要以更低的價格購入，其風險也會相對增加，對這點必須有所體認。在此，也會被要求遵守責任自負原則。

以往違法的個人間外幣交易已經開放，在海外旅行剩餘的外幣可以自由地和朋友進行兌換，從事外幣兌換的餐廳和百貨公司將會陸續出籠；此外，在歐美眾所皆知的外幣兌換業者也將登場。由於可以在銀行休假的週末假日兌換外幣，在例假日想出國時將會方便許多。不過，匯率應該會比銀行高，這是無法克服的一點。

今後將可以在市區或觀光地等處自由地購入外幣，甚至將來也可以在便利商店兌換外幣。不過，外幣兌換業者的利益來源為買賣的差額，雖然和銀行並無不同，如果是當作服務的一環來從事外幣兌換業務則另當別論，但從事此業務的專門業者目的大都在於獲取利益，因此對使用者而言，匯率應該會比銀行高出許多，有關這點最好先做好心理準備。話說回來，從事外幣兌換的飯店所開出的匯率一向都很高。

除此之外，更嚴重的問題是偽鈔可能會橫行無阻。在歐美，由於可以自由兌換外幣，和日本相比，偽鈔的流通量高的驚人。為了不讓經濟陷入一片混亂，必須小心防範。

以往企業與海外進行資金交易時必須透過外匯專門銀行，但在新〈外匯法〉之下，可以直接與海外進行交易。只要在海外的銀行開設帳戶指示匯款，會比國內的銀行還早一天處理完成，而且可以節省支付給國內銀行的手續費（《日本經濟新聞》1997年5月2日）。

以往企業之間外匯的收受是被禁止的，貿易公司便將此當作出口業務的一環，透過銀行將以外幣計價的貨款轉換成日圓交給企業，再從中取得手續費。而今後已經不需要透過貿易公司，企業可以將收到的外匯直接支付給對方。話雖如此，但也不能將負責進出口的貿易公司完全排除，所以目前的作法是讓貿易公司調降手續費。

企業間多邊互抵結算一旦開放，就不需要再像過去一樣，每逢交易就要將外匯兌換回日圓再支付，只要收取差額即可，如此便可省下不少匯兌手續費。話說回來，為什麼過去不實施互抵結算，而要那麼大費周章，實在覺得很不可思議。

3. 金融交易的外流

個人金融資產將不斷流向海外。這是因為海外有許多高收益率的

商品，而日本的股票交易手續費、就源課稅、證交稅又比海外各國高出許多。在紐約買進日本股票時，當然不需要繳納證交稅，而且股票委託手續費只有日本的三分之二而已。

或許志在逃稅的資金會大量流向海外。在英國，對海外居住者利息所得20%的就源課稅是免除的。當然，在海外取得的利息所得有義務在國內申報納稅，所以未必都是有利的。

此外，大藏省引進一項資訊報告制度，對於匯往海外或是海外匯往國內的款項超過100萬日圓以上時，承作的金融機構有義務對稅務當局報告匯款人與匯款對象的地址、姓名、日期、金額、目的等資訊。貿易貨款的支付及透過國內證券公司購入海外證券時，因為利息及配股是就源課稅，故不列入此制度的對象。不過，如果將100萬日圓以上的款項分割成好幾筆來匯款時，還是可以鑽法律漏洞來逃稅的。

股票委託手續費漸漸走向自由化，而證交稅方面，大藏省主稅局似乎堅持不願意廢除。主稅局盡忠職守是件好事，但投資資金如果一直流向海外，就連稅收都會減少，所以最好還是儘早廢除。將來極有可能會依據〈新外匯法〉來開放國內各項管制，並廢除證交稅。

由於〈新外匯法〉的實施，企業及個人可以將帳戶的管理、資產運用、風險管理等某種程度委託擁有高度金融技術及經驗豐富的外國銀行或投資銀行。例如，投資人支付給證券公司一定的手續費，委託代為從事資產運用的Wrap Account，在美國已經成為最普遍的個人理財方式，有時獲利甚至超過30%，個人金融資產很可能會流向這些金融商品。（參照圖表16）

日本大多數的金融機構已經開始和歐美的金融機構合作，從事投資信託的銷售等，今後金融機構在競爭當中脫穎而出的方法之一便是和歐美的銀行或證券公司等合作，代理日本的散戶投資人進行外國投資。

圖表16　居住者非金融領域的海外存款餘額 (1995年6月底)

（單位：10億美元，％）

	海外存款			廣義的貨幣供給量 (b)	(a)/(b) (%)
	(a)	以本國貨幣計價	以外幣計價		
美國	289	231	58	4,365	6.6
德國	232	196	36	1,357	17.1
法國	51	20	31	1,087	4.7
英國	85	13	72	1,078	7.9
義大利	49	13	36	637	7.7
(參考)日本	28	19	9	6,411	0.4

註1：（廣義的貨幣供給量）日本：M_2+CD，美國：M_3扣除居住者的歐洲美元，德國：M_3，法國：M_3，英國：M_3H，義大利：M_2。

註2：海外存款只限在BIS歐元統計的報告區域內擁有者。因此，不包括報告區域內的居民在報告區域外擁有的海外存款。此外，報告區域包含以下二十四個國家及地區：美國、日本、德國、法國、加拿大、英國、義大利、荷蘭、比利時、盧森堡、奧地利、丹麥、芬蘭、冰島、挪威、西班牙、瑞典、瑞士、巴哈馬、巴林、凱門群島、香港、荷蘭安濟斯群島、新加坡。詳細內容請參閱BIS歐元統計指南*BIS*[1995]。

資料：BIS International Banking and Financial Market Developments（BIS歐元統計）、各國資料。

資料來源：《日本銀行月報》(1996年7月號)。

　　當然，儘管已經可以自由到海外開設存款帳戶，但散戶投資人還是會擔心風險過高而裹足不前。因此，許多日本的金融機構便紛紛與歐美金融機構合作，積極銷售海外的金融商品，或者是外國資本將日本的金融機構購併，設立海外金融商品的銷售據點，因為以往一直存在的日本金融機構比較能夠讓散戶投資人安心。

　　例如，日本債券信用銀行與美國的大銀行信孚銀行(Bankers Trust)合作(1997年4月)，日本生命與美國的大型投信、投資顧問公司Patonam

Investments合作，　住友信託銀行與英國某投資顧問公司的日本法人 Nutwest Guardmore投資顧問合作（同年7月），日本生命與德國三大銀行之一的德意志銀行合作（1998年2月）。此外，日本金融大改革的主要舞臺「證券市場」的運作也愈來愈活絡。破產的山一證券大多數的分行由美林公司(Merrill Lynch)購併，日興證券在1998年6月發表將與美國的大型金融公司Travelers Group合作的消息。

4.〈新外匯法〉的影響

　　由於〈新外匯法〉的實施，外匯公認銀行亦即壟斷外匯交易的銀行的匯兌相關手續費便大幅減少。例如，占都市銀行的毛利10%～15%的外匯收益就減少了2～3成（《日本經濟新聞》1997年5月2日）。此外，以跨國企業進出口業為對象的國際資金管理服務的差額結算實施之後，手續費較以往減少許多，因此必須擴大服務量來確保利益，並提供企業海外資金移動的即時處理服務，以提高服務的品質。

　　〈新外匯法〉正迫使日本的金融機構進行根本性的轉換。在各種管制之下，外匯業務的獲利率將會愈來愈低，這點是無庸置疑的。而且國際業務正面臨著與歐美大型金融機構的激烈競爭。都市銀行等大銀行或大型證券公司如果不累積相當的經驗技術，拔擢優秀的人才，來提昇金融技術的話，將無法在如此嚴酷的競爭當中脫穎而出。

　　其他的金融機構即使和從前一樣在世界各國設立分行或當地法人，也無法增加收益。其實很早以前就已經是如此，只是因為以往國內有許多管制，可以獲取相當不錯的收益，因此即使無法由國際業務來獲利，也不致影響公司整體的營運。

　　不過，金融大改革實施後，許多管制都會被廢除，外匯業務的收益將更微不足道，因此，地方銀行和信用金庫等金融機構欲藉由外匯

業務來獲利簡直是難上加難。日本債券信用銀行或預定進行合併的北海道銀行也宣佈撤回海外業務,今後地方銀行或信用金庫等可能會委託大銀行或是在國際業務方面具有豐富經驗技術的銀行來代理外匯業務。

特別是在超低利率之下,散戶投資人的外債投資急速成長。儘管外匯風險很高,但外債的利率較高,因而吸引住不少投資人,此種傾向將會在〈新外匯法〉之下發揮更大的催化效果。

法人投資機構姑且不論,今後散戶投資人必須在充分理解債務不履行(Default),亦即證券一夕之間成為廢紙的風險、匯率變動風險之後,才能進行投資,這是不容忽視的課題。個人金融資產有某種程度流向海外無可厚非,但散戶投資人為了避免蒙受其大的損害,必須採取一些避險措施,最好不要受到國內超低利率的影響,一時被海外金融商品的高收益率所蒙蔽而將個人金融資產全部投向海外市場。另一方面,有關當局也應該稍微調高重貼現率,讓日本國內也能夠提供有利的金融商品。

四、今後的金融服務

隨著一連串金融自由化的改革,金融服務也將有嶄新的面貌。以下就來探討幾個較具特徵的層面(《日本經濟新聞》1997年4月30日)。

1.銀　行

金融管制放寬之後,銀行可以提供以往無法設定的金融商品,例如與郵局的定額儲金相同的商品,今後的商品設計將可以更自由地發揮。

　　銀行為了調度資金而發行的證券「金融債」一直都同意由分行少、吸收存款不利的長期信用銀行等來發行，今後會在認可長信銀發行金融債的情況下，允許普通銀行發行公司債。而限定長期信用銀行只能進行長期運用的限制終將廢除，讓長短業務的分離政策在此漂亮的畫下句點。

　　金融債和有存款保險的存款不同，當銀行破產時，並不會保證償還本金，這點必須對客戶充分說明，有時會需要客戶填寫切結書。因為是透過銀行來購買金融債，如果以為保證償還本金而投資，未善盡告知義務的銀行將會被追究責任；因此，大藏省便決定將金融債當作存款保險的對象進行保護。不過，以存款保險來保護證券怎麼也說不過去，所以這時應該廢除金融債，讓長信銀也和普通銀行一樣發行公司債。

　　將來銀行也有可能從事投資信託的銷售，如此一來，便可以提供更廣泛的金融商品。即使如此，投資信託還是有可能會產生賠本的情形，這點必須徹底對投資人說明清楚。投資人在銀行購買投資信託之前，也應該充分了解其風險性。

　　應擴大銀行設立的證券子公司及信託銀行子公司的業務範圍，使證券子公司可以進行股票相關業務，而信託銀行子公司也能從事年金信託等業務。此外，由於已同意金融控股公司的設立，所以銀行、証券及產壽險等業務即能綜合性地提供服務。

　　不過，將來是否可以在子公司銀行的窗口承辦銀行、證券、產壽險整套的服務尚未明確化，這是因為投資信託如果在銀行的窗口銷售並不會產生什麼問題，但股票、壽險、產險商品和銀行的金融商品在性質上差異很大，很可能會產生利益衝突的情形。

　　今後銀行所從事的金融業務範疇將會明顯地擴大，特別是未來也

有可能會銷售風險較高的金融商品，因此為了能夠對客戶充分解說，必須提昇行員的素質。此外，將來電話銀行會愈來愈盛行，客戶不需要到分行去即可得到金融服務，同時利用網際網路等個人電腦的交易也將隨之擴大。（請參閱圖表17）

圖表17　電話銀行的實施狀況

銀行	內容	實施時期
三和銀行	·開設外幣存款帳戶 ·支付團體旅行費用 ·24小時營業檢討中	1997年6月
住友銀行	·開設外幣存款帳戶 ·銷售旅行支票	1997年6月
東京三菱銀行	·開設外幣存款帳戶	預定1997年10月
第一勸業銀行	·24小時營業檢討中	預定1997年夏天
富士銀行	·不需要申請	預定1997年9月
大和銀行	·未定	預定1997年度中
橫濱銀行	·未定	預定1998年1月

資料來源：《日本經濟新聞》（1997年7月25日）。

2.證券公司

自1994年起，交易金額超過10億日圓時，股票買賣委託手續費全面自由化，但之後就沒有更進一步的自由化措施。目前世界上只有日本在主要市場中依然保留固定手續費制度，在以往的固定手續費制度之下，鉅額投資人必須支付較高的手續費，這對小額投資人比較有利。

手續費一旦自由化，鉅額投資人的手續費會大幅降低，而小額投資人的手續費應該會增加，不過，小額投資人的手續費已經沒有調漲的空間。因此，證券公司必須追求經營合理化，一方面尋求降低手續

費的因應對策，一方面不斷開發新商品並提供新服務來取代以往只依賴手續費來維持的業務。

證券公司所提供的金融商品領域愈來愈廣泛。除了個股選擇權交易之外，股票相關的店頭衍生性金融商品交易，甚至未上市股的交易都已經開放。過去只同意證券綜合帳戶及投資顧問才可承辦的「代客操作業務」也得到許可，未來可能會參與Wrap Account（將資產匯集起來委託證券公司加以運用）等的資產運用服務。

此外，也實現了股票選擇權(Stock Option)的制度，亦即為了獎勵經營者或員工，可以讓他們以事先訂定的價格買進自己公司股票的權利。再者，為了推動國際化，因而引進股票上市時的需求提存方式(Book Building)及貸股制度等，以加強證券交易的基礎環境。另一方面，也打算開發透過網際網路的證券交易等。

投資信託為證券公司重要的金融商品，今後將會扮演著舉足輕重的角色，因為對股票直接投資會伴隨著極大的風險，而投資信託可以在某種程度降低其風險性。今後投資信託要委託哪一家公司的哪一位基金經理人將成為熱門話題，甚至還會有投資信託的評估公司製作出所有投資信託的業績排行榜，績效不彰的公司自然會被三振出局。

3.保險公司

不只是壽險公司，信託銀行、投資顧問公司也可以承辦年金業務。此外，為了防止將來銀行利用其影響力來銷售保險，故認可銀行設立保險子公司。如此一來，年金運用的成效將會大大影響其年金業務的佔有率，而且操作績效也會被公開，結果將使操作績效的機構逐漸被淘汰，未來將進入一個適者生存的嚴峻時代。

1997年9月起，將依保戶的年齡、地區、種類別來改變保險費率，

隨著年齡和居住地區不同，保險費率也不相同。

以往產險費率一律由「費率算定會」來決定，但1998年7月之後，汽車保險、火災保險、傷害保險的保費可以由產險公司自行決定。預計到了2001年，日美保險協議中為了保護外資保險公司而訂定的意外險和醫療險的銷售管制也將廢除。

隨著自由化的發展，保險公司的運用能力、經營合理化、效率化的成果會大大左右年金的利率及保費，因此，今後要選擇購買哪一家保險公司的商品將顯得格外重要。

另一方面，目前對保險公司破產的相關措施還不夠完善，特別是採取相互公司型態的壽險公司一旦破產，不但處理手續不甚明確，就算有其他公司願意承接其保單，也有可能會調降保險金額或增加保費；仔細檢視保險公司的經營內容實為不可或缺的要務。

因此，1998年12月便設立了正式的支付保證機構，來為壽險公司屢見不鮮的經營破產現象做好準備。

4.電子貨幣的登場

資訊通信技術的發展日新月異，只要使用網際網路或是IC卡便可以進行貨幣的支付，這便是電子貨幣，可分為幾個種類。

IC卡型係指利用卡片來進行結算。如果是信用卡，還得在消費之後到銀行結算，而IC卡因為相當於現金，因此在支付的階段便完成結算。當金額不足時，可以在銀行帳戶中扣除存款金額，補充到卡片上。相反地，當金額增加時，也可以將款項存回銀行帳戶中。銀行依據客戶的要求從帳戶中扣除存款，再將此存款匯到客戶的電腦當中，供客戶在結算時使用，此存款便稱為電子錢包(ECash)；而信用卡型係指以往利用信用卡的支付方式只要在網際網路上透過密碼即可進行。

如上所述，倘若電子貨幣一直普及下去，可能會使以往的金融交易出現全新的風貌。今後只要利用家中的個人電腦，即可接收到以往的銀行服務，因而削弱了銀行分行的功能。此外，大規模的企業如果都以發行電子貨幣的型態加入金融業務，當支付結算發生問題時，個人將失去保障。而大量的貨幣在網路中進行國際流通的話，會使得國內貨幣供給量的管理以及外匯管理等的困難性增加。當支付結算發生糾紛時，到底該由誰來負責，尚未研擬出明確的處理辦法。

電子貨幣今後將會愈來愈發達，這點是無庸置疑的，而是否因此就不再需要銀行，或者是金融制度本身就隱含著許多嚴重的問題，在推動電子貨幣之際，這些都是必須仔細考量的問題。

五、金融、資本市場今後的展望

1.金融、資本市場的走向

「南海泡沫事件」以及荷蘭的「鬱金香恐慌」等在世界史上僅有數例，而日本所謂的泡沫經濟崩潰的後遺症仍在延續當中。在被稱為「資產膨脹」的時代裏，擁有土地和股票的人成為「暴發戶」，沒有土地的人大多放棄購屋的念頭，將存款轉而用在消費上。石油危機後的儉樸精神全都拋諸腦後，反而掀起一股「消費即是美德」的風潮，百貨公司愈是高級品賣得愈好。甚至還有評論家宣稱辛苦耕耘的時代終於結束，投機的時代已經到來。

然而，完全脫離經濟現況的泡沫經濟面臨崩潰只是時間問題而已，股票市價總額數百兆日圓一夕之間成為泡影，原本只要賣出東京的土地即可購得全美國的土地，這個如天價般的地價也直線滑落，「土地神

話」終於毀滅，取而代之的是「清貧思想」的普及。

在日本小學社會教科書中有提到，日本是個沒有資源的國家，因此只能夠依賴加工貿易，所以必須加強製造業的國際競爭力，並致力製造出具高度技術水準的產品。有鑑於此，大學理工系出身的優秀學生紛紛投入製造業，實現了世界史上罕見的以新型重化工業為主軸的高度成長。不過，在泡沫經濟時期，大學理工系出身的學生卻一窩蜂的擠進金融服務業。

泡沫經濟崩潰後，大學理工系出身的學生又陸續回到製造業界，為日本經濟的前景注入無限生機，因為日本的經濟力是由以強大國際競爭力為背景的製造業所支撐起來的，這的確是個不爭的事實。

因此，在這樣的日本經濟之下，為了避免和泡沫經濟時期相同的戲碼二度上演，讓金融、資本市場健全發展實為不容忽視的課題。(請參照圖表18)

證券市場最重要的存在意義便是，其為公共機構和企業調度長期安定資金之所在，當然，前提是必須要有高度發揮功能的流通市場。低估資產運用的場所「證券流通市場」的功能簡直是大錯特錯。然而，為了追求剩餘資金更有利的收益機會而蜂擁進證券市場，或是將利用 Equity Finance 等方式調度到的超低成本資金再一次投入證券市場以獲取金融收益，結果使得證券市場大大偏離國際水準與經濟現況，就國民經濟性的角度來看，這並非理想的作法。

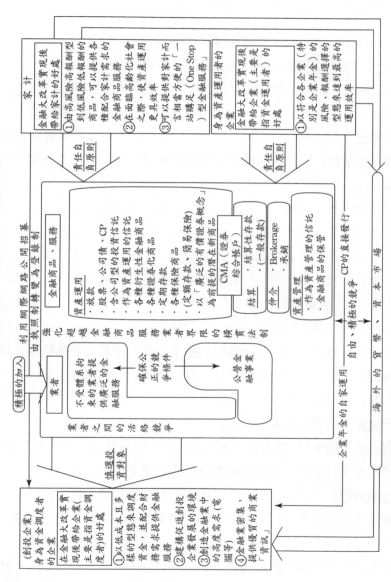

圖表18　金融大改革後日本金融、資本市場的風貌

資料來源：產業結構審議會產業資金部會產業金融小委員會。

2. 日本金融大改革的前題

在推動日本金融大改革時，必須及早解決的根本問題有以下幾點：

· 對於高達150兆日圓的不良債權問題，即使引進公營資金也要立即將問題解決，因為這是日本經濟、金融發展最大的絆腳石。當然，雖說要引進公營資金，但也不能像處理住專問題時一樣變成「補助金」。雖然這是為了貫徹市場機制而產生的作法，但只靠公營資金並無法將問題解決，因此絕對要建立起償還制度，即使是長期分期付款也無妨。

· 銀行的強化、整合勢在必行。金融制度必須再加以簡化，都市銀行只需設立數家，地方銀行則在每個都、道、府、縣各設立二至數家，信用金庫在各地區分別設立幾家即可。信用合作社除了職域、業域信用合作社之外，幾乎沒有其他的存在意義。藉由廢除〈長期信用銀行法〉、放棄信託分離（正確遵守法律）、修正〈中小企業等協同組合（合作社）法〉等方式，將職域、業域信用合作社以外的信用合作社轉換為信用金庫或恢復為原本合作社性質的金融機構，以此來促進競爭，將金融機構強化、整合起來，這點相當重要。

因此，在這個過程當中，必須淘汰掉一些經營體質不佳的銀行，銀行破產的時代已經來臨。若銀行規模龐大無法任其倒閉，在徹底追究經營者的責任、請出資者承擔之後再引進公營資金等來進行重建，這也是可行之道。讓銀行破產之所以有其必要性是因為要避免引發道德危機，在救濟信用合作社的過程當中即可發現典型的例子，那就是不論這些金融機構從事多麼荒謬不合理、亂無章法的融資，最後還是會得到「救濟」。如果所有存款都能夠被保證的話，人們一定會選擇縱然危險但利率較高的銀行，這樣對自己比較有利。如此一

來，就不需要有經常倫理和存戶的自負責任了，最後只好投入更多的稅金去救濟那些毫不相干的外人。

· 證券市場偏離經濟實態而擴大的時代已經結束。在泡沫經濟期當中，無論任何投資家都能夠輕易獲取資本利得(capital gain)。然而，投機的時代，亦即以獲取鉅額資本利得為目標的時代已經過去，今後股價將會回歸正常，也就是回復到國際上認可的適當水準，依企業收益狀況來決定股價。因為，雖說是股票投資，但配股好壞才是投資判斷的基準。

其結果為股票每日的成交量將會縮小為1億股、2億股，最多也只有4～5億股，因為整個市場都縮小了，證券公司的規模也只好配合市場一起縮小，證券公司的規模要配合市場的確有些困難，因此便進行徹底的強化與整合。日本版金融大改革依照預定計劃推動下去的話，證券市場應該會逐漸擴大，但還是應該在某種程度之下建構一個有條不紊的市場。

· 據說壽險公司也擁有許多不良債權，必須對經營不善的保險公司進行重整，保險公司，特別是壽險公司，因為經手的都是長期資金，應該以較長遠的眼光來從事經營與資金運用。採取相互公司型態的公司，為了徹底進行資訊透明化與企業管理，必須將組織變更為股份有限公司，因為相互公司甚至連破產時的處理辦法都沒有明文規定。

· 政府體系的金融機構也應該及早加以整理、整合。儘管歷史的使命已經終了，但日本的金融、經濟並無餘力保留職位給政府退休官員的「空降部隊」。

銀行方面對於郵政儲金反彈得很強烈，但郵政儲金做為儲蓄金融機構的存在意義還是很高。不過，必須要矯正以遠超過民間的有利條

件來吸收存款的作法，這點是無庸置疑的。

3. 日本金融、經濟的結構轉換

　　由於日本金融大改革的推動與經濟管制的放寬與廢除，使得戰後建構的日本經濟、金融制度不得不面臨以下各種結構轉換。

· 日本的經濟成長率將會變得很低。一是因為亞洲各國不斷追趕，使得日本的基礎產業受到嚴重的威脅（這是世界史的法則），二是因為日本今後人口將急速邁向高齡化，隨著生產年齡人口的減少，經濟成長也會因而趨於遲緩。

· 製造業在國際競爭之下，管制不斷廢除，企業重整也推展到最大極限。日本製造業之所以擁有強大的國際競爭力，就是基於這個理由。相對於此，金融方面的管制放寬卻推動得相當緩慢，已經到了令人絕望的地步。現在最重要的課題便是藉由日本金融大改革，儘可能廢除金融方面各項管制，以恢復金融機構的國際競爭力。

· 企業經營的根本改革迫在眉睫。必須將原本推動國際會計基準，保護債權人的觀點修正為保護投資人的觀點，也必須將取得成本會計轉換為正式的市價會計，改變依賴未實現利益的體質。由於帳面上有未實現獲利，使得企業經營產生餘裕，可以站在長期的觀點來經營。然而，儘管擁有不良債權，卻仍舊輕鬆地支付董事酬勞，這就是典型的不負責任的銀行經營態度，必須加以改善。如果無法依賴未實現利益，應該就會全心全意致力於經營重整。美國的銀行完全沒有未實現利益，他們徹底實施企業重整，而得到輝煌成果的經驗實在值得日本的銀行借鏡。

· 既然無法期待股票市場的高度行情，交叉持股的現象也註定要崩潰。過去所謂「安定股東」長期持有股票，當股票上漲時會產生未實現

利益，而強化了企業的財務體質。即使配股低也無妨，反而因為利益不會外流，一直累積在公司內部而受到肯定，讓企業的財務體質更為強化，使股價上漲。不過，擁有股價不會上漲且配股率低的股票，將使企業的財務體質惡化。因此，為了留住這些安定股東，只好提昇配股率，因為股東們會比較配股收益率和其他金融資產的收益率，而繼續持有該公司的股票。總之，公司經營將愈來愈不容易，保險公司也會被要求扮演法人投資機構該有的角色，不要當個沈默的股東，必須要求企業提高配股率，否則就將股票賣出，如此才能夠刺激企業經營者以追求短期利益為最大的經營目標，依此，可以由量的經營轉為質的經營。

・身為公司所有者的股東地位將會提高。據說為了救濟東京二家經營亂無章法的信用合作社而被要求提供資金的銀行總經理，最先浮現在其腦海裏的便是股東代表提出的訴訟，日本的經營者總算開始與歐美同步並進了。為了確保企業經營的健全性，日本將徹底實施企業管理。

・企業重整的有力手段──企業購併(M&A)將愈來愈盛行，企業的股價會受到M&A動向很大的影響，因此經營者必須經常留意自己公司的股價，在美國，大都藉由積極的M&A來實施企業重整。為了實施M&A，日本也將純粹控股公司解禁，M&A所需的資金大都透過發行證券來調度，因此這對促進日本證券市場的發展有很大的神益。不過，在美國流行一時的金錢遊戲「理財型M&A」，係以企業為商品來提昇收益，最好避免採用此種購併方式。

・金融機構的破產將成為家常便飯。存款人和投資人必須徹底遵守責任自負原則，也就是高風險、高報酬的原則。因此，日本至今的金融、證券市場發展，不應該再將以往的業者培育與監督行政集中在

一起進行,金融機構必須依據法律來執行業務,並取締各種違法行為。最好將目前的證券交易等監督委員會獨立出來,成為獨立的金融監督廳,並將證券公司以往的執照制改為登錄制。同時還要繼續促進金融、資本市場管制的放寬與廢除。

· 在日本,應該延續以往製造物美價廉商品的傳統,因此,製造業最好專心一意鑽研本業;當然,如果是股份有限公司當然會希望將多餘的資金拿來運用,但最好還是委託專門的投資顧問公司或金融機構。雖說以低成本即可調度到資金,但不應該為了運用獲利而去調度沒有緊急需要的資金,否則會愈玩愈過火,甚至開始操作衍生性金融商品,造成嚴重的損失。

4.行政財政改革的迫切性

在日本,為了迎接二十一世紀真正的高齡化社會的到來,必須削減高達240兆日圓的財政赤字。日本的行政財政改革是雷聲大雨點小,遲遲沒有進展,而相對地,歐美各國卻費盡心血致力於財政赤字的削減,以下我們就來看看歐美各國在這方面的發展狀況。

歐盟(EU)為了1999年1月的貨幣統一不斷奮鬥著,德國和法國都注意到貨幣統一極有助於國家的結構改革,德國無法對「貨幣價值安定」的國民共識視若無睹,而法國在〈馬斯垂克條約〉(Maastricht Treaty)交涉中,為了封鎖德國和政治要求而接受了極為嚴苛的貨幣統一參加條件。

對此嚴苛的參加條件似乎很難辦到的德國和法國,為了拿出身為貨幣統一推動者的氣魄,於是便大刀闊斧展開猛烈的改革,諸如削減財政赤字、行政財政改革、增稅並削減支出、降低福利水準等,可想而知這種作法勢必會引起國民強烈的反彈。

德國和法國打算將貨幣統一當做「外來壓力」，亦即對財政和經濟重建極為有效的手段而積極的利用。當然無可避免的會遭遇到罷工等的激烈反彈，不知可以實施到什麼地步，儘管如此，還是可以感覺出他們設法排除萬難，希望實現貨幣統一的志氣。貨幣統一實現之後，為了安定單一貨幣歐元，必須通過嚴格的財政節度基準，亦即「安定協定」，因為已經不容許財政赤字再度擴大了。

如果上述計劃能夠成功，德國和法國便可以安然挺進二十一世紀真正的高齡化時代中。話說日本，為了不讓財政赤字擴大，只是一味地增稅，但卻不削減支出，這種作法是不被允許的，因為增稅的目的原本就是為了要減少財政赤字；因此，如果不先削減支出，絕對得不到國民發自內心的支持。日本為了展望二十一世紀，應該從德國和法國的「生聚教訓」中吸取經驗。

英國在柴契爾政權之下，進行了效率低落的國有企業民營化與行政財政改革，姑且不論實施的成果如何，他們的確在金融方面強行推動了大改革，以及工會的「瘦身化」等措施。一方面由於脫離了歐洲貨幣制度，因而可以推動金融政策，來刺激景氣的復甦；美國也在80年代到90年代之間，由政府和民間攜手推動結構改革，而德國和法國現今依然認真致力於行政財政改革以及經濟結構改革。

相對於此，擁有240兆日圓以上不良債權的日本，如果一直被財政赤字壓得喘不過氣來，無法調整業界的利害關係，管制放寬與廢除毫無進展的話，終將無法在二十一世紀繼續生存下去，不只是金融大改革，財政大改革也是不可或缺的一環。

第六章　金融控股公司與金融重整

一、金融制度改革的推動

1.企業擺脫銀行

戰後，依據〈證券交易法〉第65條的規定，銀行被排除在證券業務之外；但進入高度成長期之後，由於證券市場不太發達，銀行便擔負起提供資金給企業的重責大任。當時，特別是大銀行，對於戰前經辦的公司債承銷業務等被排除在證券業務之外，都認為是一種既得利益的剝奪，紛紛表示抗拒。然而，就現實問題而言，只有銀行有辦法因應企業旺盛的資金需求，因此縱然被排除在證券業務之外，應該也不會有太大的影響才是。

這種現象隨著高度成長期的告終而有了很大的轉變，企業在高度成長期於內部累積了不少保留盈餘與折舊準備資金。到了安定成長期便利用這筆資金來進行設備投資等，甚至還有剩餘，已經不需要再像高度成長期一樣，為了調度資金而一味依賴銀行。

此外，在高度成長期初期，只能有限度提供資金的證券市場也愈來愈發達；同時，國際金融市場，特別是歐元市場吹起一股金融證券化(Securitization)的風潮，讓企業在必要時，可以輕易調度到極低成本的資金。

如此一來，銀行便失去了優良的融資對象，使得經營上的問題日趨嚴重，於是不得不針對〈證券交易法〉第65條將銀行排除在證券業務之外的規定所造成的問題重新檢討一番。

在此，銀行界特別是大銀行，研擬出二項救濟方案：一，既然被規定必須將吸收到的存款透過融資業務來運用，就選擇優良企業為融

資對象。在日本，向來具有第一級擔保價值的擔保品便是土地，因此便將目標鎖定在不動產業融資上，結果導致世界罕見的泡沫經濟。

　　二，銀行一直都希望將觸角伸入證券業務，因為銀行雖然可以從事公共債等證券業務，但如果不能從事股票或公司債的承銷業務等企業金融的話，還是無法喚回漸行漸遠的企業。

2.異業別子公司方式的由來

　　因此，銀行和證券公司便展開了激烈爭論，結果大藏大臣的諮詢機構金融制度調查會便提出以下幾種金融制度改革方案，包括相互經營方式、特例法方式、異業別子公司方式、金融控股公司、百貨式綜合銀行(Universal Bank)方式（請參照圖表19）。

　　在這些方式當中，由於金融控股公司為純粹的控股公司，基於〈獨占禁止法〉的關係，不太可能被採用；除非開放特例，只限金融制度改革時認可的純粹控股公司。但話說回來，實在無法只是為了金融制度改革而要求開放純粹控股公司的禁止規定，就算只希望修改部分規定也實在是說不過去。

　　百貨式綜合銀行雖然就方便性而言是一項優異的制度，但由於很可能產生內線交易等嚴重的利益衝突，因此並沒有被採用；當然，最主要的原因還是在於證券界的強烈反對。

　　相互經營方式很早以前就開始推動，不能算是一種改革，而且以英國的商人銀行(Merchant Bank)為範例的特例法方式也因為法律修正後認可了投資銀行，因此這項方式也被剔除，結果就只剩下異業別子公司方式。

　　在加拿大的金融制度改革當中實際採用過這個方式，加拿大的金融制度大分為銀行、信託公司、保險公司、證券公司，採取傳統的分

圖表19 金融制度五項改革方案

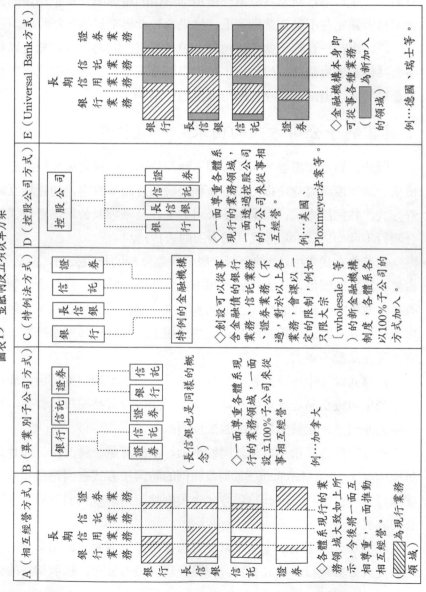

A（相互經營方式）

銀行業務 長期信用業務 信託業務 證券業務

銀行／長信銀／信託／證券

◇各體系現有領域大致如上所示，今後將一面尊重、一面推動相互經營。

（▨為現行行業務領域）

B（異業別子公司方式）

銀行→〔信託〕〔證券〕　信託→〔銀行〕〔證券〕　證券→〔信託〕〔銀行〕

（長信銀也是同樣的概念）

◇一面尊重各體系現行的業務領域，一面設立100％子公司來從事相互事業。

例…加拿大

C（特例法方式）

銀行　長信銀　信託　證券 → 特例的金融機構

◇創設可以從事含金融債的銀行業務、信託業務、證券業務（不過，對於以上各業務的限制，例如一定業務的股制，只限大宗〔wholesale〕等）的新金融機構制度，各體系以100％子公司的方式加入。

D（控股公司方式）

控股公司 → 銀行　長信銀　信託　證券

◇一面尊重各體系現行的業務領域，一面透過控股公司的子公司來從事相互經營。

例…美國、Ploximeyer法案等。

E（Universal Bank方式）

銀行業務 長期信用業務 信託業務 證券業務

銀行／長信銀／信託／證券

◇金融機構本身即可從事各種業務。

（▨為新加入的領域）

例…德國、瑞士等。

資料來源：金融制度調查會。

業主義。但是，證券公司的組織型態幾乎都是採合作方式，規模也明顯地小型化，因而無法因應急速發展的國際化與證券化，於是便在1987年修正了部分〈銀行法〉的規定，讓銀行可以設立100%的證券子公司。

英國也發生過相同的情況。在1986年所謂的大改革當中，除了實施一連串的證券市場改革之外，大銀行將商人、仲介商、經紀商等證券業者都當做子公司來擴大業務；不過，其後商人銀行幾乎都被美國及德國等歐美金融機構購併，在此，可以說將經驗技術高但缺乏資本力的商人銀行，和固執於傳統無法發揮競爭原理之證券業者的活力化全都交由銀行來負責。

如上所述，日本最後採用的是「沒魚蝦也好的對策」——異業別子公司方式，雖然被稱為加拿大方式，但本尊的加拿大或是英國，都沒有將此方式當作金融自由化的一環而積極採用。為了因應金融國際化，證券公司在資本力方面極為脆弱，根本無法在競爭中存活下來，因此才需要仰賴大銀行的支援，這便是事實的真相。因此，我們也可以將此方法當作一種「緊急避難措施」（有關美國的金融制度改革請參照圖表20）。

3. 異業別子公司方式的推動

1992年6月19日，由16項法案形成的〈強化金融制度及證券交易制度改革相關法律〉，簡稱〈制度改革法〉，在國會正式通過，6月26日對外界公佈。〈制度改革法〉之主要內容包括以體系子公司來從事相互經營、資本市場的健全發展等，但細項規定則利用政省令等來發佈，之後便在1993年4月1日發佈政省令，開始實施〈制度改革法〉，使金融制度改革更為具體化。

〈制度改革法〉施行之後，雖然允許異業或不同行業之間交叉經

圖表20 1995年美國Reach法案中提出的金融制度改革構想

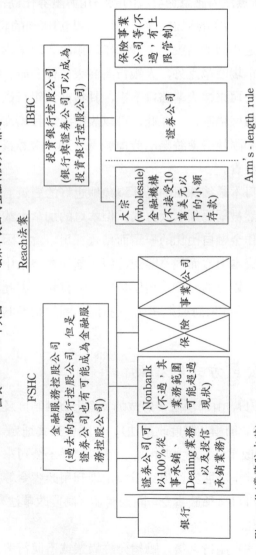

Reach法案

FSHC

金融服務控股公司
(過去的銀行控股公司。但是
證券公司也有可能成為金融服
務控股公司)

銀行

證券公司(可
以100％從
事承銷、
Dealing業務
，以及投信
承銷業務)

Nonbank
(不過，其
業務範圍
可能超過
現狀)

保險

事業公司

Fire wall (業務防火牆)

IBHC

投資銀行控股公司
(銀行與證券公司可以成為
投資銀行控股公司)

大宗
(wholesale)
金融機構
(不接受10
萬美元以
下的小額
存款)

證券公司

保險事業
公司等(不
過，有上
限管制)

Arm's‐length rule

營，但有關金融機構利用證券子公司經營證券業務方面，因為母體金融機構所經營的業務與證券業務的親密性，以及母體金融機構分行數等的落差，因此目前只限定長期信用銀行、信託銀行、系統中央金融機構可以從事交叉經營；之後，日本興業銀行、日本長期信用銀行、農林中央金庫分別設立了證券子公司，於1993年7月26日展開業務。

有關這些證券子公司的業務，由於股票經紀商業務目前尚未被許可，因此主要是從事普通公司債的承購與銷售，其中長信銀最早開始加入都市銀行的證券業務並提出「參與經營一年後再作檢討」的方針。

1993年10月1日，野村證券、大和證券、日興證券、山一證券的信託銀行子公司開始從事銀行業務。就如同銀行的證券子公司尚未被許可從事股票經紀商業務一般，信託銀行子公司也不許從事融資信託、年金信託、特定基金信託等主要業務。這是為了避免過度衝擊信託銀行的現行業務所提出的過渡時期措施。

大藏省於1994年2月決定自7月起同意都市銀行透過子公司來從事證券業務。1994年7月，朝日銀行的證券子公司率先展開業務；11月時，第一勸業銀行、櫻花銀行、三菱銀行、富士銀行、住友銀行、三和銀行這前六大都市銀行的證券子公司也相繼展開業務；東海銀行與北海道拓殖銀行也於1995年3月一起加入證券業務的行列。

另一方面，保險公司的交叉經營也跟著登場。1996年4月〈新保險業法〉施行之後，8月上旬六家壽險公司，十一家產險公司分別設立子公司，大藏省於8月27日同意核發這十七家保險公司的事業執照。

如上所述，以銀行參與證券業務為重心的金融制度改革於焉展開，銀行以和企業之間的交易能力為背景來擴大證券子公司的業務，在此同時，也被指出許多問題點。

二、 純粹控股公司的解禁

1.〈獨占禁止法〉的修正

1997年6月11日，包含控股公司解禁之內容在內的〈獨占禁止法〉修正案在國會正式通過，包括①總資產額超過舊財閥型的企業集團、②大規模金融公司與一般企業公司、③相互有關連事業領域的有力企業這三個類型，因為很可能會產生事業支配力過度集中的現象而被禁止，有關詳細內容，公平交易委員會在施行之前會公佈指導方針。

其後，公平交易委員會於1997年7月9日公佈了〈獨占禁止法〉中解禁的純粹控股公司具體解禁範圍之指導方針。

雖說是純粹控股公司，但以下三種類型是被禁止的：①和舊財閥一樣，在純粹控股公司旗下有貿易公司、鋼鐵、不動產、機械、食品等事業公司的企業集團（第一類型）；②在旗下有大規模金融機構與一般企業公司的純粹控股公司（第二類型）；③在旗下有汽車、鋼鐵、輪胎、塑膠、玻璃等相互有關連性的有力企業之純粹控股公司（第三類型）。

沒有被禁止設立純粹控股公司的包括純粹分社化、創投資金、金融機構對其他新加入金融體系者的交叉經營，總資產合計在3,000億日圓以下者。

第一類型當中，以總資產超過15兆日圓的公司為重點審查的對象，具體而言，擁有五個事業領域以上，總資產各自超過3,000億日圓的公司，禁止設立純粹控股公司，就連日本企業公司中最大的東京電力，其總資產也不過約14兆日圓而已；此外，總資產超過3,000億日圓的企

業公司約有300家，因此，和戰前財閥一樣型態的公司是被禁止的，不過，實際上設立純粹控股公司時，並不會遇到太多的障礙。

第二類型當中，擁有總資產超過15兆日圓的金融機構與總資產超過3,000億日圓的企業公司，禁止設立純粹控股公司。不過，大藏省就防止銀行的企業支配力增強的觀點來看，以銀行為中心設立的金融控股公司將其旗下的企業公司限定為從事租賃(lease)、信用(credit)等特定業務的公司，即使總資產在3,000億日圓以下，也禁止在旗下設立一般企業公司，金融控股公司的設立於1998年3月解禁。

第三類型當中，擁有與汽車、輪胎等相關的五個事業領域，具體而言，佔有率在10%以上。此外，屬於前三大以內的龍頭企業，禁止設立純粹控股公司。

金融機構的股票持有上限規定為5%（壽險公司為10%），但這項限制已經放寬，不適用上述5%規定的股票持有限制有以下幾項：金融機構發行的股票、「收入依賴度」在50%（原本為90%）以上的附屬公司股票、從事債務保證等金融公司固有業務之公司的股票、控股公司的股票。

由於上述5%規定的放寬，都市銀行等除了可以在旗下設立已經在執行業務之其他體系的金融機構之外，還可以設立從事金融業務的公司。因此，銀行不需要設立金融控股公司，即可以在旗下擁有各種金融機構來擴大業務。

2. 金融控股公司的概要

在日本的金融制度改革當中，雖然同意銀行和證券公司利用成立子公司的方式來交叉經營，但是銀行設立證券子公司來從事證券業務時會遇到許多問題，例如，銀行利用自己的影響力來擴大證券子公司

的業務、銀行和證券子公司交叉營運、互相拉攏客戶、共同製作並散發投資募集手冊等，問題之多不勝枚舉。

　　不過，百貨式綜合銀行也會產生許多問題，銀行業務和證券業務兼營時產生的最大問題便是內線交易等的利益衝突，此種情形只有設立金融控股公司才有可能某種程度的解決這個問題，而且還可以為客戶提供綜合性的金融服務，在連結納稅制度導入後，更可以穩定收益機會（請參照圖表21、22）。

圖表21　目前金融控股公司的設立案例

```
              ┌──────────────────────────────┐
              │   金融控股公司(上市公司)        │
              └──────────────────────────────┘
  ┌──┬──┬──┬──┬──┬──────────┬──┬──┬──┬──┐
銀  業  證  壽  業  產  ┌中間控股公司┐ 其  ┌──┬──┬──┐
行  務  券  險  務  險  │            │ 它  破產金融機構
子  防  子  子  防  子  └─┬─┬─┬─┬─┘ 子
公  火  公  公  火  公    □ □ □ □ □  公
司  牆  司  司  牆  司      海外當地法人   司
```

圖表21　目前金融控股公司的設立案例

金融控股公司(上市公司)

銀行子公司　業務防火牆　證券子公司　壽險子公司　業務防火牆　產險子公司　中間控股公司　其它子公司　破產金融機構

海外當地法人

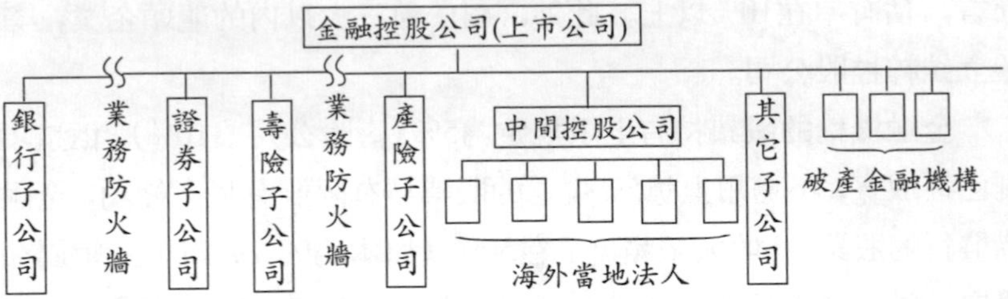

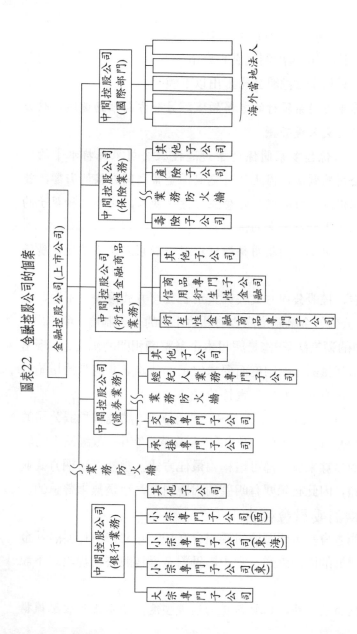

圖表22 金融控股公司的個案

(1)金融制度調查會第二委員會期中報告

在1989年5月26日的金融制度調查會第二委員會期中報告「新的金融制度」當中，針對金融控股公司提出以下說明：

「一方面尊重各體系現行的業務領域，另一方面推動透過控股公司的子公司來進行交叉經營。

控股公司方式係指多家關係企業透過控股公司來保持水平的關係，亦即兄弟公司的關係，因此可避免關係企業之間直接的影響，就這點而言，可以促進銀行的健全經營並保護存款人，此外，和親子的關係相比，可以防止利益衝突的情形發生。

再者，控股公司旗下的集團整體可以對一般家庭或企業提供廣泛的服務。」

就這點來看，控股公司方式較異業別子公司方式優異。不過，在1991年6月25日公佈的金融制度調查會報告「新的金融制度」中指出，「禁止控股公司的獨禁法第9條是與日本企業整體相關的條文，在現階段若只是為了重新檢討金融制度而要求修正本法條並非適當的措施」，因此金融控股公司方式只好暫且宣佈放棄。

這個方式有待〈獨占禁止法〉第9條經過修正，讓純粹控股公司的設立得以解禁後方可立即實施。因為在5大改革方案中，就經濟上的弊害與各種問題的多寡來看，都可堪稱為最佳方式。當然，這個方式並非完全沒有問題，因此必須要有明確的因應對策，這是無須贅述的。

(2)基本問題檢討委員會報告

金融制度調查會基本問題檢討委員會在1995年5月26日的報告「金融仲介功能新發展的因應之道」當中，針對金融控股公司提出以下說明：

「至於如何推展業務，採取怎樣的組織型態，基本上各金融機構

應該站在自我經營責任的立場上來判斷。不過，就金融制度的觀點來看，由於金融仲介功能的新發展，金融機構承辦的業務日趨廣泛，金融機構將來可以在眾多選項當中，自由選擇適合自己經營策略的組織型態，此為最理想的狀態」。

例如，「將金融業務分割成不同的專門公司，成為一個金融集團，有效率的提供綜合金融服務，同時可以避免業務多樣化的風險波及存款人或結算服務。上述這種金融組織型態也是一種不錯的選擇。」

由以上觀點來看，在金融制度調查會基本問題檢討委員會當中，也有人表示應該檢討金融控股公司的可行性，其優點如下：

「一個完整的金融集團不但可以綜合性的提供多樣化金融服務，而且比較容易防止旗下子公司相互之間經營破產風險的波及以及利益衝突的情形發生。

不但每個事業的風險都攤在陽光下，而且還可以下達一致的決策。金融業務經過適當分割後，將這些專門公司全都設立在控股公司的旗下，可以藉此來提昇業務、組織營運的效率與機動性。」

3.金融控股公司的業務範圍

擁有各業界佔有率前三名的子公司之金融控股公司並不被允許設立，因此銀行、證券公司、保險公司當中由哪一種企業來主導，會大大影響金融控股公司的特性。大藏省對於金融機構在成立金融控股公司時其旗下可設立的公司企業範圍設有限制（《日本經濟新聞》1997年3月18日）。

⑴以銀行為主

以銀行為主設立金融控股公司時，可以在旗下設立銀行、證券公司、保險公司。關於企業公司，目前只限以出資比率5％以下為條件設

立租賃、信用公司，來從事周邊、附帶業務。

　　政府在決定〈獨占禁止法〉修正案之際，公平交易委員會所提出的指導方針並沒有將都市銀行以外的銀行可在旗下設立一般企業一項排除，如此一來，會使得銀行的事業支配力過大，於是大藏省便禁止所有的銀行設立相關業務以外的一般企業。

(2)以保險公司為主

　　以保險公司為主設立金融控股公司時，可以在旗下設立保險公司、銀行、證券公司。

　　企業公司除了可以在旗下設立從事租賃等金融相關業務的公司之外，尚可設立社會保障，亦即醫療、看護等與保險相關的業務，例如養老院、家庭看護人員派遣等的企業。

　　由於大部分壽險公司所採用的相互公司被禁止列入控股公司的旗下，因此相互公司設立控股公司，再設立旗下企業的型態也得到認可。不過，這種作法是有問題的，因為最上層的控股公司如果不是股份有限公司，而且並非上市公司的話，將成為封閉的企業集團，就企業統治和經營健全性的角度來看，勢必會產生問題。

　　將壽險公司設在旗下的情形，必須設立新的股份有限公司型態的壽險公司，或是將相互公司型態的壽險公司變更為股份有限公司的型態，這是必然的作法。

　　然而，為了規避上述問題，大藏省的方針是同意在相互公司的旗下設立控股公司的型態。

(3)以證券公司為主

　　證券公司與銀行和保險公司不同，即使破產也沒有法律上規定必須保障的金融資產，因此和企業公司一樣，子公司的設立原則上是自由的。不過，證券公司在旗下設立銀行或保險公司時，就保障存戶和

保戶的觀點來看，和以銀行或保險公司為主設立金融控股公司的情形適用相同的規定，也就是不可以在旗下設立企業公司。

對證券公司而言，只要不在旗下設立銀行或保險公司，就可以自由設立企業公司等的子公司，這還是會產生一些問題。

在以自由競爭來支配的經濟制度之下，對證券發行者來說，將承接發行的主幹事或幹事委託給提出最有利條件的證券公司來擔任是理所當然的事。

另一方面，證券公司為了擔任主幹事或幹事，必須提出有利的條件，例如，儘可能的提供高品質的金融服務，擁有廣大客戶群，可以將承銷的證券銷售出去，　或者也可以對發行者提出較低的發行手續費，總之，必須致力於經營的效率化與合理化。

即使是經紀商業務方面，只要競爭原理產生作用，損益平衡點較低的證券公司便可以將買賣手續費設定的比其他公司還低，這對客戶來說是一大美事。不過，承銷業務、自營商業務、經紀商業務都由同一家證券公司來承辦並不妥當，因為兼營這些業務之後，很可能會對特定的企業給予「方便」，產生利益衝突的現象，因此，證券公司絕對不可以和既是發行者又是客戶的企業公司同屬一個集團。

4.金融控股公司的問題點

在金融制度改革五大方案當中，金融控股公司的問題雖然相對較少，但還是有幾個問題點必須提出來檢討。因此，在推動金融控股公司時，必須先對控股公司本身的問題點提出解決方法，再對金融控股公司本身會產生的各項問題擬定因應對策。

‧設立金融控股公司時，原則上禁止在旗下設置一般企業公司，在美國，雖然也有人提出兼營的法案，但由於大原則是銀行和工商業必

須分離，因此，這項法案不太有希望通過，銀行等金融機構原則上不應該與一般企業公司有投資的關係。

· 和百貨式綜合銀行相比，金融控股公司是由獨立的銀行、證券公司來從事業務，因此比較容易徹底實施業務防火牆管制。不過，金融控股公司為一個可以提供客戶綜合性金融服務的金融集團，因此極有可能會產生利益衝突的現象。

在目前的母銀行和證券子公司之間設定有①Arm's-length rule（以一般的條件來進行交易）；②防止母銀行與投資人產生利益衝突；③避免母銀行對證券子公司產生影響力；④規避風險；⑤確保健全性的業務防火牆等管制；此外，原則上也禁止官員的兼任與交流。設立金融控股公司時，在金融控股公司和子公司之間，子公司和子公司之間，也必須加強這些管制，設定更嚴格的業務防火牆，以確保金融交易的公平性與透明性。

· 擁有全部都是100%子公司的控股公司，控股公司的損益等分散到子公司的話，企業集團的經營現況就會被隱蔽，而損害到控股公司股東的利益。金融控股公司由於旗下設有各種金融機構，特別是100%子公司的話，所產生的問題可能更為嚴重。

為了防止產生上述問題，必須設定許多管制，但同時也必須在法律上規定金融控股公司的內部資訊徹底透明化，在引進金融控股公司時，整體掌握企業集團並全盤考量各項法律，系統化地加強〈商法〉、〈證券交易法〉、〈稅法〉等是有必要的。

· 為了確保競爭的公平性，除了在運用面上強化〈獨占禁止法〉之外，也必須大幅擴充、強化對金融交易等的監視及監督。

在美國，中央銀行的聯邦準備理事會(FRB)負責執行並實現〈銀行控股公司法〉的目的，由於銀行控股公司並非金融機構，不能夠直

接利用〈銀行法〉來監督，因此，在該法中規定中央銀行可以監督銀行控股公司。

三、提供廣泛的金融服務

1.提供廣泛的金融服務

由於已經同意設立金融控股公司，應該放棄異業別子公司方式，因為這種方式幾乎不可能完全杜絕利益衝突的情形發生，所以應該朝更理想的方向來摸索。

金融制度改革的本質理念在於，如何以低成本來提供高品質、廣泛的服務。就這點來說，如果能夠以較容易防止利益衝突的金融集團的型態來提供銀行、證券、保險業務的話，便可以帶給客戶更高的方便性。

雖然銀行目前採用的異業別子公司方式在業務上會受到限制，但現在已經可以透過子公司來從事證券業務，壽險公司和產險公司都可以透過子公司來交叉經營，純粹控股公司如果沒有被解禁，銀行可能早就已經利用子公司來從事這些業務了。

不過，這只能說是「次佳的對策」，因為純粹控股公司已經被解禁，所以銀行必須以金融控股公司的型態來進行重整。以銀行為主設立金融控股公司時，其著眼點在於提供廣泛的金融服務，因此應該在旗下設立證券公司或保險公司，這樣的作法才合理。

當然，也可以去購併現有的證券公司，不過，壽險公司的主流依然是相互公司，因此如果不先將組織型態變更為股份有限公司則無法進行購併。

2.有效率的業務多角化

我們可以由現行的銀行業務多角化這個層面來描繪金融控股公司（《金融控股公司的研究》，都銀懇談會，1995年9月，請參照圖表23、24）。

一是將關係企業和異業別子公司重整為與銀行呈平行關係的案例。就現狀而言，銀行關係企業的業務，周邊業務係透過關係企業來進行，這是指銀行出資比率在5%以內，但就設立的過程、資金面、人員的關係來看保有密切關係的企業。

如果將這類企業重新整編到金融控股公司之下， Nonbank等與金融相關的非銀行業界交叉經營的關係企業，便可以明確的被定位為金

圖表23　有效率的業務多角化
(將關係企業和異業別子公司重新整編為和銀行呈平行關係的案例)

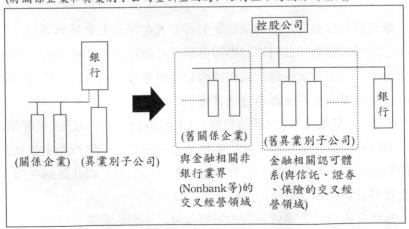

資料來源：都銀懇談會「金融控股公司的研究」(1995年9月)。

圖表24　有效率的業務多角化

(將異業別子公司重新整編為和銀行呈平行關係的案例)

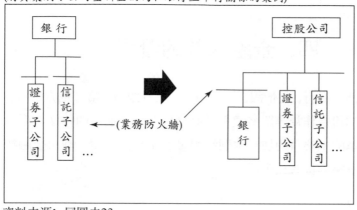

資料來源：同圖表23。

融控股公司旗下的非銀行子公司。金融控股公司可以100%擁有這家非銀行子公司的股票，藉由集團整體的運作來強化對客戶的服務。

此外，就順利推動金融自由化的觀點來看，承辦應列為管制和保護對象的金融業務 (即辦理存款保險對象的存款業務)，釐清結算相關業務範圍的銀行，與除此之外的其他公司分開之後，便可以更順利的推動金融自由化。

二是將異業別子公司重新整編為與銀行呈並列關係的案例。將目前的異業別子公司重整為金融控股公司旗下的兄弟公司，設定業務防火牆來規避對銀行業務的風險。

而且，將來還有可能會擴大子公司的業務，來降低母銀行的業務比重，如此一來，親子關係便會產生問題，因此將兩者放在並列的關係上，就建構自由度高的經營體制的觀點來看，是極為有效的方法。

特別是可以藉由在旗下設立從事投資銀行業務和衍生性金融商品

業務的專門公司，來大膽變更薪資體系，集合眾多優秀的交易員和職員，使業務蒸蒸日上。

四、金融重整的發展

劃分為都市銀行、長信銀、信託銀行、地方銀行、第二地方銀行、信用金庫、信用合作社等眾多體系是高度成長期才適用的作法，而日本金融大改革的主要目的便是強制這過多體系進行重整，利用金融控股公司則是重整的最有效手段。

1.都市銀行

都市銀行應朝二極化發展，小型都市銀行應該摸索地方銀行的方向，無需要緊抱沒有法源的都市銀行的觀念不放。

大型都市銀行雖然有六家，但是不是真的需要這麼多家呢？有六家大型都市銀行的國家恐怕也只有美國吧！德國也只有三家，法國則是四家（不過，也包括擁有不良債權接受國家救濟的銀行），而英國是四家，瑞士是三家等。

因此，即使是大型都市銀行也有重整的必要，管制嚴格的時期，為了吸收存款而合併，沒有達到效果的銀行只要設立金融控股公司，回到合併之前的銀行即可。富士銀行與第一勸業銀行雖然在業務上互相合作，但很可能朝設立金融控股公司的方向發展，東海銀行與朝日銀行的方向也一樣。

都市銀行設立金融控股公司，除了可以讓自己的證券子公司與投資信託公司成為該公司的子公司之外，還可以購併準大型、中型主要證券公司、產險公司，重新設立股份有限公司型態的壽險公司（或是

相互公司將組織變更為股份有限公司的型態），列入金融控股公司旗下，搖身一變為有國際競爭力的金融集團。

當然，其前提是不良債權問題要完全解決，並且將以往擴大數量的經營手法完全拋棄，改採高品質的經營哲學。

2.長期信用銀行與信託銀行

長信銀與信託銀行在高度成長期擔負著長期金融機構的使命，但現在已經失去其存在意義了，雖然不能說是全部，但失去存在意義的金融機構再繼續苟延殘喘下去，將很容易陷入不動產融資的深淵，讓泡沫經濟時期的悲劇重新上演。

因此，長信銀和信託銀行的確有重整的必要。當然，或許有些銀行會設立金融控股公司，成為提供綜合性金融服務的金融集團；此外，或許有些銀行會進入其他銀行設立的金融控股公司的旗下。

不選擇這條路的銀行，有的合併，有的共同朝國際投資銀行的方向發展，或許這種作法比較聰明也說不定。長信銀和信託銀行的特徵是分行數太少，因此，為了設立金融控股公司，擴大分行數，也可以將全國的地方銀行，特別是第二地方銀行為在地域上取得平衡而納入旗下。不過，金融自由化的發展日新月異，現在已經可以用電話銀行等來直接提供客戶金融服務，特別是以法人為對象展開投資銀行業務之後，或許就沒有擴大分行網的必要了。

當然，因為是以投資銀行的型態從事業務，除了以往的證券子公司之外，將投資信託委託公司或現有的證券公司購併之後納入旗下，也是很重要的作法。

日本今後如果也採用金融控股公司方式，可以設立幾家大型銀行，幾家投資銀行與大型證券公司，目前十八家大銀行明顯過多，如果全

數留下將淪為國際笑柄。

3.地方銀行

地方銀行認為金融控股公司只適合大型金融機構，他們無法設立金融控股公司，因此希望政府能夠同意他們轉型為百貨式綜合銀行，不過，這是絕對不可行的，因為金融制度改革的議論中也明確提到，百貨式綜合銀行雖然也有優點，但還是有很多嚴重的問題存在。

因此，地方銀行應該以獨立銀行的型態致力於經營合理化與效率化，以提供高品質的金融服務，如果客戶希望提供更廣泛的金融服務，只要設立金融控股公司即可，如果認為金融控股公司只適合大型金融機構這絕對是一種誤解。

地方銀行的使命便是提供都市銀行的分公司無法提供的服務，例如提供地方居民無微不至且高品質的金融服務，以提昇地方居民的方便性與生活水準，並促進地方企業的發展。

如果地方銀行因為目前擁有許多關係企業，而不易設立自己的證券子公司或投資信託公司的話，也可以利用購併現有公司的方法來設立金融控股公司，藉此來提供廣泛的金融服務。

不過，如果一直照現狀發展下去，信託業務將會漸漸開放，將來也可以在銀行的窗口從事投資信託的買賣，因此維持現狀或許也是一種獨到的見解，因為將來的客戶未必會希望在同一個金融機構接受到所有的金融服務，反而專精於某一項服務的優良機構才會得到客戶的青睞；因此，客戶為了追求更佳的服務，將會不厭其煩的到處尋訪優良的金融機構，金融控股公司也只不過是眾多經營方式當中的一個選項而已。

4.第二地方銀行

　　過去與地方銀行的競爭往往處於劣勢的第二地方銀行（以前稱為相互銀行），大多數在泡沫經濟期被迫轉而投入不動產融資，結果使得第二地方銀行的不良債權和以往地方銀行相比多出許多，這便是殘酷的現狀，今後也不得不和地方銀行展開一場肉搏戰。

　　因此，處理不良債權為不可或缺的前提，為了解決這個問題勢必得引進公營資金，因為第二地方銀行就算為了強化競爭力而希望合併，龐大的不良債權也會成為絆腳石。以破產的型態強制金融機構整合，就目前的日本經濟而言，是促進二十一世紀活力化的手段之一，這是個嚴苛的事實，也是眾多經營手法當中的一個選項。

　　不良債權問題如果完全解決，第二地方銀行為了繼續生存下去，可以選擇蛻變成廣域的金融機構，振興第二地方銀行是今後日本金融發展過程中不容忽視的一環，這是因為將競爭原理引進過去的地方銀行當中絕對有其必要性。

　　處理完不良債權問題的幾家第二地方銀行可以和計劃強化分行網的長信銀和信託銀行組成一個金融控股公司，或是第二地方銀行之間設立橫跨數縣的金融控股公司，如此便可以強化資本力。相對較弱的金融機構如果設立控股公司，可以擴大資本規模，並強化業務內容，控股公司在資金調度上也相對有利。總之，公司的評等會提高，這便是設立控股公司最大的優點之一。

　　此外，可以在旗下設立證券公司、投資信託委託公司、或是壽險公司，來提供廣泛的金融服務，這麼一來，便可以與過去的地方銀行互別苗頭，讓客戶享受到更佳的金融服務。

5.信用金庫、信用合作社

信用金庫身為地方金融機構，長久以來一直配合地區的需求從事「地區密著型」的銀行經營，因此不良債權相對較少。所以在泡沫經濟崩潰之後，為了強化經營基礎，便大膽進行合併，進行合併顯示經營還有強化的空間。

信用金庫並沒有採取股份有限公司的型態，因此不可以設立金融控股公司，不過，可以成立一個信用金庫集團，設立信用金庫壽險公司、信用金庫產險公司、信用金庫證券公司、信用金庫投資信託委託公司等，在全國所有的信用金庫提供廣泛的金融服務給地方居民，這也是個可行之道。當然，其前提是信用金庫必須和地方居民保持密切關係，提供無微不至的金融服務，這點是無需贅述的。

信用合作社當中以都市居民為對象的機構，最好先處理完不良債權問題後再進行對等合併，之後再轉換為普通銀行，不只對以往的合作社社員，甚至對廣泛的客戶提供金融服務，這可謂最理想的作法。當然，也有許多人強烈反應非營利機構的信用合作社仍有存在的必要，而為合作社社員和地方居民著想，以誠意來從事服務的信用合作社應該為數不少。如果是這樣的話，不妨將組織變更為同樣是非營利機構的信用金庫，這也是個值得參考的方法。

不過，由於農、漁業等信用合作社才是提供金融服務給特定合作社社員的機構，因此，原則上必須以不接受社員以外存款的型態來經營。

6.證券公司

證券公司可以朝著設立金融控股公司的方向來發展，大型證券公

司設立金融控股公司，成為活躍的國際化證券業者，這是我們所樂見的結果。在這樣的情形下，不只是目前擁有的信託銀行子公司（這家公司遲早會將信託帳目和銀行帳目分開而成為銀行）將會和好幾家銀行在金融控股公司之下，構成一個金融集團，只是連保險公司都納入旗下，這到底具有什麼意義，依然是個問號。

對大多數的證券公司而言，設立金融控股公司，將普通銀行和保險公司一起納入金融控股公司旗下，似乎不太具有意義。

當然，這會構成投資信託公司和投資顧問公司等證券相關企業以及金融集團。在從事投資信託業務之際，將信託銀行納入旗下的確有其必要性，但各集團凡事自己張羅，本身所耗費的成本過大，因此也可以利用其他證券公司所設立的信託銀行或是兼營信託業務的銀行。

預料將有好幾家證券公司進入其他金融集團所設立的金融控股公司的旗下，擴大證券業務，重視經營合理化與個人客戶的證券公司才能夠永續經營下去。此外，手續費自由化之後，也會出現以個人為對象，不提供資訊，但相對地降低買賣手續費的折扣經紀商。

在證券交易所之外可以進行交易是歷史的趨勢，因此法人和投資機構的大宗交易並不會因為手續費低就委託折扣經紀商。當然，如果交易所集中交易持續下去的話，也有可能會轉而委託折扣經紀商，在此種情形，可能會委託有交易關係的金融集團旗下的折扣經紀商。

金融愈來愈自由化，業界之間的藩籬愈低，對證券公司而言，業務將愈來愈難推展。話雖如此，但卻和承辦存款的銀行不同，基本上承辦流動資產的證券公司可以改善經營體質，大刀闊斧的進行企業重整。事實上，在泡沫經濟崩潰後，證券公司大幅進行裁員並重新檢討薪資體系。拿這點來和銀行相比，或許證券公司較能夠在激烈的競爭當中求得一線生機。

更何況股票業務是一種相當「特殊」的業務，銀行或保險公司以股票業務為主設立的金融控股公司子公司不太容易和以往的證券公司一樣地從事業務。銀行業務、保險業務、證券業務（特別是股票經紀商業務）雖然同樣都是金融業務，但業務的文化卻有著根本性的差異。因此，在戰前，股票業務雖然沒有明文禁止，但銀行還是沒有從事股票業務。

在此，獨立且具特色的證券公司有其存在的價值，此外，並非百貨式綜合銀行，而是在金融控股公司之下獨立的證券公司如果不從事業務，則無法振興國民經濟。

7.破產金融機構的承接

以往大藏省對社會各界論點完全視若無睹，而同意都市銀行來購併陷入經營危機的證券公司，並且同意都市銀行中的大銀行來購併信託銀行，這種作法招致各界強烈的批評。當經營陷入危機時，同意購併可說是一種例外的措施，但例外如果接二連三就不能稱作例外了。

這是因為過去大藏省一直希望以異業別子公司方式來推動金融制度改革，由於考量到現有體系的經營，因此異業別子公司被課以相當多的限制，儘管如此，雖然說這是為了確保金融制度的安定性而採取的緊急措施，但因為將從事全線(full line)業務的證券公司及信託銀行當作子公司，會嚴重影響金融行政的整合性，這種作法招致批評在所難免。

大藏省如果不希望讓銀行破產,就務必要儘快設立金融控股公司。當然，認可目前的異業別子公司從事全線業務的話，不只是破產金融機構，陷入經營危機的金融機構、自有資本比率低的金融機構都很可能會被體質佳的金融機構購併，但是這種方式可謂問題重重。

　　因此，如果設立金融控股公司，則可以將經營狀態不佳的金融機構納入旗下，進行經營重整，使其擔負起身為金融集團一員的責任。以往由大型金融機構吸收合併陷入經營危機金融機構的作法會產生許多問題，被吸收合併的機構之員工往往不容易適應新的環境，這也是問題所在。

　　如果將這些機構都納入金融控股公司的旗下，金融機構本身還是可以繼續經營下去，而且，已經在地方上生根的金融機構也可以用原本的名稱繼續從事業務，而薪資和人事體系並不需要和以往相同。

　　承接破產金融機構的機構原則上是由存款保險機構負責提供資金援助，在此種情形下，如果該機構已經破產的話，便無法接受到資金援助，這也是一大問題。法律修正後，承接自有資本比率低於一定水準的金融機構時，也可以得到資金援助。原本存款保險機構資金枯竭就是一個本質上的問題，但引進25兆日圓的公營資金後，問題便迎刃而解，這就是促進日本金融正常化與活力化的方法。

　　因為放任經營不善的機構面臨破產的危機，就如同當時好幾家信用合作社破產和第二地方銀行中最大銀行破產時的情形一樣，只會讓傷口不斷的擴大，反而增加許多社會成本，所以在經營破產之前就要讓金融控股公司去購併，來進行經營重整，這點相當重要，而重點在於一定要在該機構還有可能進行重整的狀態之下趕緊將其購併。

　　就目前不良債權問題的嚴重情形來看，也不至於讓所有金融機構都納入金融控股公司的旗下，但無論如何，務必要設法將金融危機減到最小，以強化日本的金融制度。

8.現存金融機構的整合、重整

　　金融控股公司的利用方法中有一項即是整合、重整現存的金融機

構（《金融控股公司研究》都銀懇談會，1995年9月，請參照圖表25、
26、27、28）。

　　一是重整現存金融機構的經營組織，進行銀行本體分公司化。例
如，將銀行本體分為西日本和東日本，然後再分為小宗(Retail)和大宗
(Wholesale)，各自成為金融控股公司的子公司，此外，如果也將以往
體系別子公司納入旗下，可以使各業務部門的損益明確化，配合業務
的特質來營運，讓集團整體的經營資源得到適當的分配。

　　此外，在舊式總公司當中的企劃、人事、總務、制度等大部分的
功能都可以移交給金融控股公司，可藉此將總公司=主流，子公司=支
流這種日本的企業文化加以改革，以提高子公司的意識，增進活力。
如此一來，未來將很容易轉換為各事業部門呈水平組織的歐美型企業
經營組織，亦即削減總公司功能的組織，這是值得期待的前景。

　　不過，即使同樣是在金融控股公司之下的子公司，但上面還是有
主體的金融機構，因此是否能構成水平組織令人存疑，畢竟主體金融
機構還是握有金融控股公司集團的主導權（在美國稱為旗艦銀行）。儘
管如此，在擴大金融業務的過程當中，其他的子公司也會不斷發展，
然後漸漸與主體的金融機構呈對等關係，就國民經濟性來看，這是眾
所樂見的結果。

　　二是現存金融機構進行整合時有以下幾種情況，一方面並不利用
A銀行與B銀行合併的手段來進行整合，銀行主體留下名稱、地區性等，
並列在金融控股公司之下，將沒有必要並列的周邊子公司合併整合，
再納入金融控股公司的旗下，這樣便會產生合理化效果，這不但是第
二地方銀行等金融機構應該積極採用的方式，而且也是重整金融業界
的有效手段之一。

　　將來合併之後希望納入金融控股公司旗下的A銀行與B銀行，在合

圖表25　現存金融機構的經營組織重整

(銀行母體進行分公司化的案例)

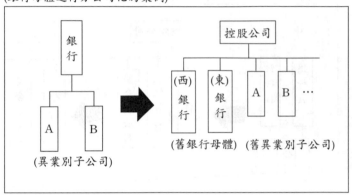

資料來源：同圖表23。

圖表26　現存金融機構的整合等

(銀行A、B保留名稱、地區性等，併列在控股公司之下的案例)

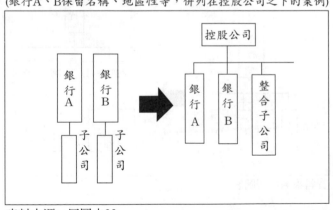

資料來源：同圖表23。

圖表27　現存金融機構的整合等

(將來走向完全合併之前的過渡時期所採用的案例)

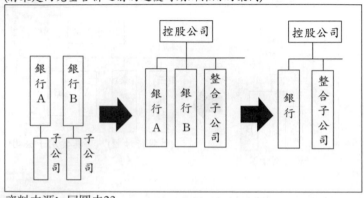

資料來源：同圖表23。

圖表28　現存金融機構的整合等

(將控股公司當作整合集團內部子公司群媒介的案例)

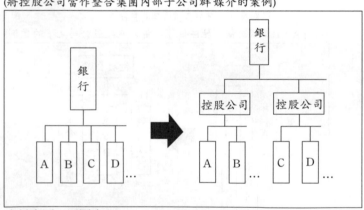

資料來源：同圖表23。

併之前於金融控股公司旗下尋求整合時也可以利用此方式。

　　另一方面，也可以將金融控股公司當作整合金融集團內部子公司

群的手段，如果並不是設立金融控股公司，而是設立一個中間控股公司，來整合類似業務子公司群和海外子公司群時，也可以考慮利用此方式，雖然中間控股公司是否被認可尚未明確化，但這對推動業務多樣化而言意義非凡。

第七章 中央銀行的獨立性與金融政策

一、德國聯邦銀行

1.維護幣值穩定

德國曾經歷過拿到薪水後必須立即拋開工作，前去購物的時代。因為如果等到下班後才去購物，在這段期間中物價將會愈漲愈高。甚至才經過幾個月，物價就攀升了好幾千億倍，由於印刷跟不上物價飛漲的速度，甚至曾推出反面是白色的一兆馬克的紙鈔。這便是1920年所謂天文數字的通貨膨脹時代。

在這段通貨膨脹時期，受害最深的要屬年金生活者和一般民眾了。因為這些人辛辛苦苦存下來的財產卻在轉眼間化為烏有。不過，在此同時，背有莫大負債的企業，也因為負債全都一掃而空，而搖身一變為「健全經營」的企業。通貨膨脹總是逼迫弱者淪為犧牲品。

而防止通貨膨脹情形再度發生，正是德國中央銀行——「德國聯邦銀行」貨幣政策的基本原則。不過，雖然表示要抑止通貨膨脹發生，穩定幣值，但事情卻沒有想像中那麼單純。如果希望恢復景氣，似乎應該調降利率；但站在發行鈔票的中央銀行的立場，當然不願見到通貨膨脹的情形發生，因此不能夠也不應該調降利率。

另一方面，站在政治人物的立場來看，如果因為景氣低迷，以致失業率上升的話，一定會在下一次選舉中落選。而當貿易順差增加，外在壓力增強的話，又必須解決問題不可。因此，他們會促使中央銀行調降利率，以做為擴大國內需求，刺激景氣的手段之一。如果因此而造成通貨膨脹，形成泡沫經濟，也只能說這是結果論而已，因為促使景氣復甦比什麼都重要。在此，我們看到了致力於穩定幣值的中央

銀行貨幣政策與政治世界之間的利害對立。

維護幣值的貨幣政策，極端而言，是為了避免產生通貨膨脹，即使導致失業率增加也是莫可奈何的事。因此，如果希望徹底穩定幣值，必須確保中央銀行的獨立性，不受政治影響，此為絕對的前提條件。我們在此特別探討世界各國中獨立性高，貫徹維護幣值穩定的德國聯邦銀行的運作，希望能夠做為獨立性低的日本銀行今後的借鏡。

2.德國聯邦銀行的組織

德國聯邦銀行的地位與業務內容係依據1957年7月制定的〈德國聯邦銀行法〉。

德國聯邦銀行為法人機構，資本額2億9,000萬馬克全部由德國聯邦政府出資。聯邦銀行的組織係由中央銀行理事會、董事會、邦中央銀行董事會所構成。

中央銀行理事會為聯邦銀行貨幣、金融政策的最高決策機構，並負責決定重貼現率。理事會係由聯邦銀行的總裁、副總裁、其他董事會的成員以及各邦中央銀行總裁所組成。

董事會負責執行中央銀行理事會的決定，業務內容包括與聯邦政府以及聯邦特別資產（聯邦鐵路、舊聯邦郵局、負擔調整基金、歐洲重建特別基金等）的交易、與在聯邦全區展開業務活動的金融機構之間的交易、外匯業務、對外交易業務、上市市場操作等。董事會係由聯邦銀行總裁、副總裁與其他董事所組成。

邦中央銀行董事會為各邦中央銀行的最高機構，主要從事與邦政府以及邦的公共機構之間的交易、以邦為中心展開業務活動的金融機構與不在聯邦銀行董事會管轄之下的金融機構之間的交易。依章程規定，邦中央銀行董事會係由邦中央銀行總裁與副總裁之外，再加上1～

2名成員所組成。

　　德國聯邦銀行的貨幣政策在理事會內部也會有意見相左的情形發生。總裁、副總裁等聯邦銀行總部的理事所提出的貨幣政策較注重國際觀並考量到經濟成長，往往會和邦中央銀行總裁（理事）之間在利率政策上的想法產生分歧。

　　因此，1992年3月，〈德國聯邦銀行法〉經過修正，邦中央銀行的家數由過去舊西德的十一家與舊東德的五家，減少到九家。這是為了反映聯邦銀行總部的決策，儘量減少各邦中央銀行總裁參加理事會的成員，以加速決策的速度。

3.德國聯邦銀行的使命與獨立性

　　依據〈德國聯邦銀行法〉第3條的規定,德國聯邦銀行的使命是「利用依據本法所賦予的金融政策上的權限，以穩定貨幣，管制貨幣流通及對經濟的信用供給，並監視銀行所受理的國內與國外的支付結算交易」。該法明文規定德國聯邦銀行必須為了安定貨幣價值而活動。因此，下列〈德國聯邦銀行法〉可以保證德國聯邦銀行擁有高度的獨立性。

· 德國聯邦銀行雖然是聯邦政府全額出資的法人，但第29條第1項規定：「中央銀行理事會及董事會為聯邦最高政府機關。州中央銀行及分行為聯邦的政府機關」，因此，聯邦銀行與聯邦政府居於同等的地位。

· 「德國聯邦銀行只要不違背使命（維護貨幣價值），則有義務支持聯邦政府所有的經濟政策」，但「在行使本法所賦予的權限時，不接受聯邦政府的命令」（第12條）。

· 聯邦政府代表雖然具有參加決策機構中央銀行理事會審議的權限，但只有提案權，沒有表決權。不過，具有將表決延期二週的權限（第

13條第1項、第2項)。

·總裁、副總裁及董事會的成員係由聯邦政府提名,再由總統任命,
 但總裁以下的成員依法規定必須具備專業知識,而且任期長達8年
 (第7條第2項、第3項)。此外,中央銀行理事會當中,占半數以上
 的州中央銀行總裁則是由聯邦參議院(由各州政府派遣議員所組成)
 提名,再由總統任命,因此不受聯邦政府管制(第8條第4項)。

　　如上所述,可稱為「中央銀行中的中央銀行」的德國聯邦銀行基
本上受到〈聯邦銀行法〉的保證,為獨立性相當高的機構,其唯一任
務便是維護貨幣價值的安定,並沒有諸如舊〈日本銀行法〉中所提到
的維持信用制度等規定。

　　因此,德國聯邦銀行為聯邦最高政府機關,與政府各部會居於同
等地位。只要金融政策的執行沒有問題,則有義務支援聯邦政府的一
般經濟政策,此外並有明確規定在行使〈聯邦銀行法〉授與的權限時,
不需要接受聯邦政府的指示。

　　當然,德國聯邦銀行對政策上的重要事項可以給予聯邦政府建言,
並提供相關資訊,同時聯邦政府代表也可以加入決定重貼現率等事項
的最高決策機構——理事會。不過,聯邦政府代表依規定只有提案權,
沒有表決權,而聯邦政府代表若提出請求,最多可以將表決延期二週。
此項規定由於違背德國聯邦銀行的獨立性,受到歐盟(EU)的批評,
為了刪除此規定而正進行修正。

　　德國聯邦銀行為了全心投入穩定幣值的貨幣政策,因而不負責金
融機構的監督,監督工作最後是交由聯邦銀行監督廳依據法律來執行。
不過,德國聯邦銀行由於和一般商業銀行有交易關係,因此會對金融
機構進行外匯檢查,以此項業務來補強聯邦銀行監督廳所執行的監督
和檢查的不足。

基於上述法律、制度，足以證明德國聯邦銀行的獨立性是受到保障的，而德國聯邦銀行之所以能夠有獨立的決策與行動，是因為受到第一次世界大戰後天文數字的通貨膨脹的教訓，為了抑制通貨膨脹，而得到了國民的共識與支持。

二、日本銀行的成立與發展

1. 日本銀行的成立

為了調度1877年爆發的西南戰爭的軍事費用，而增加發行了「不兌換鈔票（鈔券）」。結果使得1877年～1880年間產生了相當嚴重的通貨膨脹，導致明治政府的財政陷入危機，同時也阻礙了工業近代化的發展。因此，確立兌換制度以抑制通貨膨脹擴大便成為當務之急。

有鑑於此，便根據松方正義大藏大臣所提出的「日本銀行創立之議」，遵循1882年的〈日本銀行條例〉而創立了日本的中央銀行——日本銀行。依據「日本銀行創立之議」中所附加的「日本銀行創立宗旨的說明」指出，「今日設立中央銀行的理由是，順利推動金融事務、擴張各國立銀行的資金力、降低利率、以整頓業務，將大藏省事務當中可以委託銀行進行的業務交給銀行、並進行外國票券貼現」。

雖說設立日本銀行是為了要抑制通貨膨脹的擴張，但其本質是希望確立以中央銀行為主軸的信用制度，來促進工業化。

日本銀行依據〈日本銀行條例〉第14條的規定，被賦予發行兌換鈔票的權限。但是在日本銀行開業之初，銀價與鈔票價值有著相當大的落差，而在鈔票經過處理之後，這個落差便明顯縮小；於是在1884年制定了〈兌換銀行條例〉，自隔年開始發行可兌換銀幣的鈔票（即銀

本位制）。

　　同時，國立銀行銀行券和政府銀行券分別經由1883年〈國立銀行條例〉的修正以及1885年的〈太政官布告〉而開始進行清償。

　　由於日清戰爭中得到的鉅額賠償金，而解決了金本位制中必要黃金準備的問題，因此在1897年實施了〈貨幣法〉與〈兌換銀行條例〉的修正，金本位制於同年10月開始實施。雖說已經開始進行清償，但之前流通在市面上的政府鈔票與國立銀行鈔票在1899年全部禁止流通，自此以後，日本的貨幣完全統一為日本銀行發行的兌換鈔票。

2. 第一次世界大戰後的日本銀行

　　由於第一次大戰期間經常帳的大幅順差，伴隨著大規模國內流動性的增加，適當調整此種情況對日本銀行而言是個相當吃力的工作。當時並沒有支付準備率制度，即使在股票市場中進行操作，也沒有適當的資產可以釋出，因此無法充分吸收到民間經濟部門供給的現金與中央銀行存款。

　　當然，由於1919年導入銀行承銷票券制度及日銀放款的調節，使得日本銀行可以吸收到現金與中央銀行存款，但之後卻發生了阻礙此金融政策徹底執行的事件。1920年發生經濟大恐慌之際，為了防範經濟的混亂局面，日本銀行不得不對有需要的企業提供資金。之後，日本銀行又面臨到1922年的金融恐慌、1923年的關東大地震，而在1927年的金融恐慌之際曾對銀行提供救濟融資，挽救了經濟的破裂局勢。

　　日本銀行的救濟融資由於1930年的黃金出口解禁，經濟恐慌的局面得以暫時平息，但隔年又爆發了滿州事變，產生填補財政虧損這項新的業務，1932年便導入由日本銀行承銷發行國債的方式。

　　1932年實施了「停止兌換金幣相關緊急命令」，事實上轉換為管理

貨幣制度。日本銀行利用承接的方式來散佈財政資金，以增加鈔票的發行，由於不斷調高保證發行額度，政府在1941年便制定出〈兌換鈔票條例的臨時特例相關法律〉，廢止法幣準備發行與保證發行的區別，導入最高額調整限制制度。

〈日本銀行條例〉中規定1942年為日本銀行的營業期限，在該年制定了舊〈日本銀行法〉，並進行大幅的制度改革。日本銀行在該法第1條中有如下規定：「為了追求國家經濟力的適當發揮，必須以遵循國家的政策，調節貨幣、維持金融調整與信用制度為目的」。此外，也明文記載日本銀行可以從商業金融的角度來調整產業金融，對政府無限制的無擔保放款，並可以從事國債的承銷業務。

政府對於日本銀行的監督權限更為強化，規定中指出政府除了擁有總裁及董事的任免權、監督命令權之外，在日本銀行業務執行上認為有必要時，也擁有業務命令權，可以命令日本銀行實施必要的業務。此外，政府尚擁有認可重貼現率等業務、央行紙幣、會計相關之廣泛的個別認可權。

3. 時代錯誤的舊〈日銀法〉

在1952、1953年戰後的通貨膨脹日趨緩和，統制經濟體制漸漸沒落，景氣循環明顯回復之後，日本銀行便建構出讓原本的貨幣政策得以執行的環境。在景氣過熱伴隨著物價高漲之際，於1953年10月實施的金融緊縮政策，可謂日本「金融政策的起死回生」，此為其後邁向金融正常化的第一步。

戰時所制定的國家統制色彩濃厚的舊〈日本銀行法〉的修正雖然被熱烈提出討論，但由於問題的重要性，所以尚未進行全面修正。不過，1949年設立了政策委員會，為日本銀行的最高決策機構。以往日

本銀行的金融政策是由總裁來決定，現在則改由政策委員會來決定。政府的重貼現率認可權也被廢除，因而提高了日本銀行的自主性與民主化。

　　然而，依據舊〈日銀法〉第1條的規定，日本銀行必須遵循國家的政策來實施貨幣政策。此外，尚有以下規定：
· 「日本銀行由主務大臣來監督」（第42條）
· 「主務大臣可以命令日本銀行實施必要的業務，以及章程的變更和其他必要的事項」（第43條）
· 「內閣可以解任總裁及副總裁，主務大臣可以解任理事、監事及參事」（第47條）

　　我們不得不承認日本銀行獨立性之低為日本經濟帶來了諸多弊病。

　　泡沫經濟的形成與崩潰，日本銀行要負起很大的貨幣政策責任。因此，各界紛紛表示應該修法。這是在泡沫經濟崩潰，戰後的制度被迫轉換結構之際，二十一世紀日本經濟、金融必須如何改革的一項議題。

　　因此，便組織了總理大臣的私人諮詢委員會「中央銀行研究會」，檢討「二十一世紀金融制度的核心——中央銀行的定位」，並在1996年11月12日向橋本首相提出以「中央銀行制度的改革——追求開放的獨立性」為題，針對舊〈日本銀行法〉的修正報告書。

4.貨幣政策的失敗

　　「附屬」於政府的日本銀行過去曾有好幾次在貨幣政策上失敗的經驗，以下列舉出其中幾項代表性的案例。
· 日本銀行並沒有外匯政策的自主性，都是接受大藏省的指示來行事，

因此無論如何都要以政府的意旨為優先。例如，在尼克森震撼(Nixon Shock)之後，因為政治上的考量，持續買進急速貶值的美元，結果使得金融市場中日圓資金大量供給，造成過剩流動的現象。而在石油危機之際，由於貨幣緊縮政策過慢實施，導致罕見的狂飆物價。

· 在1985年〈廣場協議〉(Plaza Accord)之後，日幣急速升值，經常帳的順差激增，因此美國逼迫日本縮小經常順差之際所發生的事件。如果希望縮小順差，就要擴大內需，因此必須不斷刺激景氣，但大藏省正忙於財政重建，不願意發行國債，讓日本銀行長期調降重貼現率，結果造成泡沫經濟，亦即另一種型態的通貨（資產）膨脹。泡沫經濟崩潰後，又展開刺激景氣、誘導日幣貶值、拉抬股價等措施，為了使金融機構的業務純益顯著增加，不良債權問題能夠自主處理，數度調降重貼現率，終於到達史上最低水準的0.5%。使得一般民眾失去了原本應得的利息，年金生活者紛紛發出不平之鳴。

· 此外更重要的是舊〈日銀法〉第25條規定：「日本銀行得到主務大臣的認可，可以從事維持信用制度所必要的業務」，過去在不當經營的東京協和、安全兩個信用合作社、COSMO信用合作社、木津信用合作社、第二地銀的舊兵庫銀行發生經營危機之際曾採用過此法條，而得到出資及日銀特融。由於大藏省的金融政策一貫採用「護航方式」，亦即不讓任何一家銀行倒閉的方針，因此只好動用日銀資金，來為大藏省對金融機構的保護、培植政策的失敗收拾殘局。

　　上述貨幣政策之所以會失敗，以及遭受國民批評卻不得不「救濟」不當經營的金融機構，並不只是因為日本銀行政策判斷的錯誤所致，而是因為就法律面來看，日本銀行在世界中央銀行當中獨立性明顯最低。其最大的原因應該還是在於舊〈日銀法〉本身。因此，迎接二十一世紀，日本銀行必須能夠執行中立的貨幣政策，這才是舊〈日銀法〉

修正議論的本質。

　　然而，日本中央銀行研究會的報告書和世界上中央銀行法修正的方向——提高中央銀行的獨立性、安定貨幣價值、追求經濟成長完全不一致，而且極為不充分。以下列舉出幾項主要的問題點。

三、日本銀行的理想圖

1.貨幣價值的維護

　　這份報告書指出日本銀行的目的、營運理念，不只對於一般物價水準，亦應留意各種價格的變動，以促進物價穩定。日本銀行十分關注資產膨脹的情形，因為絕對不能夠再重蹈泡沫經濟的覆轍。在泡沫經濟期，資產價格確實暴漲，但消費者物價指數卻非常穩定，因此也有不少學者表示，單就物價來看，日本銀行的貨幣政策應該沒有失敗。

　　報告書中明確指出，確保貨幣制度的安定也是日本銀行的目的與營運理念。不過，嚴格來說，日本銀行的使命應該只有維護貨幣價值這一點(並非物價)。所謂確保貨幣制度的安定是中央銀行的本質功能，不應該包括在營運目的與理念當中。

　　有關維護貨幣價值方面，中央銀行需要負起責任的部分應該限定在因為通貨膨脹所造成的結果。例如，消費稅率調高的話，消費者物價便會上昇，中央銀行不需要對此原因負責。景氣回升，需求增加的話，同樣的消費者物價也會上昇，但中央銀行也無需對此原因負責。不過，中央銀行雖然對上述原因沒有責任，但對其造成的結果必須負起部分責任。當這些原因產生，而有可能造成消費者物價上漲之時，為了防止此種情形發生，必須採行貨幣緊縮等貨幣政策，在事前加以

防範，這才是中央銀行的重責大任。

中央銀行能夠被追究責任的只有因為通貨膨脹而造成物價上漲的情形。因為通貨膨脹會使人民的財產一夕之間化為烏有，或是嚴重減少。如此一來，遑論日本金融大改革所產生的1,200兆日圓的個人財產的有利運用，根本就是「合法的」賠本。因此，防止通貨膨脹，穩定幣值正是中央銀行的最大使命。當然也可以藉此來保障年金生活者與弱勢小老百姓。

日本銀行應該將維護實質經濟方面與資產價格方面的幣值當作最大的使命。在實質經濟方面，要防止因通貨膨脹而造成消費者物價的上漲，也要防止因對資產買賣方面龐大的貨幣供給而造成的價值下跌，亦即資產膨脹。不論在實物面或資產面，中央銀行都不可以明顯超過流通所需的限度來供給貨幣，必須制定、實施防範貨幣供給增加的嚴格金融政策。

2.金融制度的穩定

在這份報告書裏還提到穩定金融制度的最終責任在於政府，日本銀行應該對穩定金融制度有所貢獻，這保留了將來救濟不當經營的金融機構而投入日銀資金的可能性。

信用制度的維持強化與金融制度的安定並不需要明文記載於〈日銀法〉第1條的使命當中。這是因為「最後的借貸者」功能是中央銀行的本質功能，不應該將其明文規定為一種責任。1989年進行法律修正的〈紐西蘭準備銀行法〉規定一般物價水準的安定為金融政策的唯一目標。此外，歐盟(EU)在進行貨幣統一之際所設立的歐洲中央銀行，其最大的目的便是穩定物價，在下決策之際，可以保證不受歐洲委員會和各國政府的影響，擁有完整的獨立性。

　　所謂中央銀行的「最後的借貸者」功能，並不是用來救濟因不當經營或其他原因而債臺高築的金融機構，而是在放任這些機構破產時，波及到其他金融機構而引起擠兌風潮的場合，提供緊急的流動性資金，來穩定金融制度的功能。這是中央銀行最重要的本質功能。不需要特別將其定義為「信用制度的維持強化功能」而記載於法律當中。

　　如果希望將此功能記載於法律當中，應該是記載於報告書「日本銀行的業務」中「對信用不安的因應措施」的項目裏。在此，應該明文記載當不當經營的金融機構及陷入債務過多的金融機構破產時，為了防止波及到其他金融機構，必須提供緊急的流動性資金，亦即負起中央銀行最後的貸方之功能。報告書中尚提到「為了因應信用不安，應該擬定一套由政府來掌握主導權，再經過日本銀行的同意，實行必要措施的制度」，如此一來，極有可能在法律修正後將問題很多的舊〈日銀法〉第25條保留下來。

3.中央銀行的獨立性

　　如果要實施維護貨幣價值的貨幣政策的話，就和採取通貨膨脹政策，追求景氣復甦的政治家，以及無法施行財政政策的大藏省對日銀施壓來執行貨幣政策的作法是相互矛盾的事。因此，日銀必須擺脫政府、大藏省的約束，以確保獨立性。在這份報告書當中總算提到大藏大臣對日銀總裁的解任權以及政府的業務命令權必須被廢除，但對於降低日銀獨立性的元凶——大藏省的監督權卻完全沒有提及。

　　為了確保日銀的獨立性，讓日銀完全超越政府和議會的存在的話，可能會產生違反三權分立的大前提，亦即成為第四權。不過，中央銀行獨立性的本質是實現穩定幣值經濟成長的共通性與中立性。其獨立性僅限於實現穩定幣值的使命這方面，因此並沒有任何問題。

　　法律規定穩定貨幣制度是日銀的目的，在法律修正作業中如果讓大藏省的監督權恢復的話，大藏省又會將貨幣政策的失敗推卸給日銀，實行違反民意的日銀特融，而遭受國民強烈的批判。如此一來，就完全失去修法的真正意義了。

　　在報告書當中還提及，即使給予日銀免於政府約束的獨立性，「政府還是保留有人事權等」，基於「憲法」第65條的規定，這點並沒有違憲。既然認可政府擁有總裁等董事的任命權，至少也應該經過國會的同意。因為日銀必須對國民選出的議員組成的議會負起責任。經過國會的決議，再由政府任命，但解任權卻不應該由政府來掌握，這才是獨立性的根本原則。因此，Accountability為問題所在。

　　因為國會及政府沒有解任日銀總裁及董事的權利，所以日銀必須「藉由透明的政策營運，對國民及國會負起說明責任」，這並不是「開放的獨立性」。報告書將Accountability解讀為說明責任並不正確。

　　所謂Accountability係指決策過程及其論點的詳細說明，在政策執行當中，確定政策判斷有誤時，卻沒有中斷政策的執行，而使事態嚴重化的責任；以及對於可歸結到貨幣政策的責任，其包含的意義是相當廣泛的。此外，貨幣政策失敗時毅然決然下臺，也是這個字所隱含的意義。這是指在國會同意之下，政府必須任命責任感高、人品高潔，且對貨幣政策具有高度專業知識的人物來擔任總裁或理事的職務。亦即如果任命的總裁是個不負責任的人，卻還讓他做滿任期，則政府將難辭其咎。

　　報告書中指出，「目前還沒有一項議論認為政府和日本銀行是處於對立的立場」，但在說明通貨膨脹政策與維護貨幣價值的貨幣政策時，可以很明顯的看出政府和日本銀行在立場上是對立的，所以這段話並沒有什麼意義。因此，應該效法「德國聯邦銀行法」中的規定，賦予

日銀和政府各部會同等的地位，只要執行貨幣政策時沒有問題，日銀負有支援政府一般經濟政策的義務，在行使法律所給予的權限之際，不受政府的指示。

4.政策委員會的地位

報告書中雖然指出要強化最高決策機構——政策委員會，但延攬外部學者專家時，很可能受日銀操控，徒具形式，並讓日銀將政策責任全都轉嫁給該委員會。因此，政策委員會必須加以廢除。

必須讓決定貨幣政策的最高決策機構——理事會加以制度化，採用擁有決議權的總裁、副總裁、理事一人一票的少數服從多數制。所謂維護貨幣價值的貨幣政策，需要有高度的專業知識與經驗。所以由日銀理事所組成的專家集團必須擔負起責任。理事會只須對國會負責。

5.金融機構監督與出資

報告書中表示，日銀與一般金融機構簽訂契約進行金融機構審查時，必須設立法律上的根據規定。不過，以往依據契約的審查其實已經很充分。對於因不當經營而陷入經營破產或是債務超過的金融機構實施徹底的審查，發現實際上已經破產者，不供給其流動性資金為一大前提，因此必須大幅增加審查局的人員。

另一方面，中央銀行的使命如果是擬定、執行穩定幣值的貨幣政策的話，就應該全力投入，最好不要插手金融機構監督的工作。這是因為當金融機構破產時，為了負起監督責任，很可能不得不優先投入日銀資金。因此，與金融機構進行交易，精通金融業務的中央銀行只要將資料提供給金融監督當局，協助其進行監督即可。

金融機構的監督屬於金融政策的領域，應該由不受大藏省約束的

獨立檢查、監督機構來執行。以免日銀被迫負起監督責任，而一味將日銀資金投入破產金融機構。

所謂金融機構監督主要是針對金融機構的財務狀況進行檢查，並檢視其自有資本比率等，重點放在經營狀況的監督，因此在法律上必須明文規定監督權限。然而，金融機構國際業務的監察是安定國內貨幣價值所不可或缺的一環，因此日銀責無旁貸。

此外，由於金融期貨交易等衍生性金融商品交易的風險很高，因此身為專家的日銀最好和外國的中央銀行合作一同進行監察。

在舊法中也有規定，日銀不可以對國際清算銀行等國際機構以外的機構出資。中央銀行不應該出資，或是提供「劣後貸款」(Subordinated Loan)。因為出資對象若為有交易往來的一般金融機構的場合，當該金融機構陷入經營危機時，就必須優先投入日銀資金。日銀在執行安定貨幣價值貨幣政策的同時，也必須維持金融制度整體的安定，所以不應該與個別企業或金融機構有特別的交易或出資關係。這是因為對金融機構而言，即使陷入經營破產，反正中央銀行一定會來救濟，因此經營態度就會變得很散漫，亦即產生道德危機。有關這點，在報告書中卻完全沒有提及。

6. 外匯業務

報告書針對匯率干預方面提到，政府應該負起一元化的責任。金融國際化發展至今，要安定日本國內的貨幣價值幾乎是不可能的事。

金融國際化發展迅速，包含匯率干預在內的國際金融業務必須由中央銀行「日本銀行」以維護國內貨幣價值的觀點來獨立進行。雖然也有人提出如果與政府的外匯政策產生矛盾該如何因應的反論，但此種場合，政府也必須站在維護國內貨幣價值的觀點上來執行外匯政策。

而且為了維護國內貨幣價值，絕對不可增加財政赤字，此為不可或缺的前提，所以政府也被要求嚴格地遵守財政規律。

日銀最大的使命便是安定貨幣價值，並利用自主判斷來進行與外國中央銀行的交易以及外匯交易等國際業務。亦即，由於日幣走向國際化，為求安定貨幣價值，必須以自己的帳戶來從事外匯交易。德國聯邦銀行長久以來之所以拒絕讓馬克國際化，是因為一旦在外國的馬克交易擴大，就會降低貨幣政策的實效性，很可能會妨礙到國內貨幣價值的安定。

國際金融市場的規模明顯擴大，日幣的國際化也蓬勃發展中，所以今後國內貨幣的安定光是靠一個國家的貨幣政策，將會愈來愈不易推展，這是無庸置疑的。因此，日銀並非接到大藏省的指示而去干預匯率，而是仿傚德國聯邦銀行，利用自己的帳戶，再依據自己的判斷來從事此項交易。有鑑於此，〈日銀法〉明文規定與外國中央銀行的交易或外匯交易為日銀固有的業務，同時，應該修正〈外匯法〉，讓日銀的外匯業務完全自由化。

以上為主要的論點，但其他尚有禁止日銀承銷政府短期證券、日銀自行製作預算、決算由國會承認、禁止日銀接受空降部隊、廢除日銀總裁與大藏省之間的人事輪流派任制等。儘管如此，睽別50多年的〈日銀法〉修正之相關報告書也未免太過簡潔了。

7. 〈日銀法〉修正的精神

無視於貨幣價值安定的經濟成長遲早會出現問題，這是數十年來世界共通的教訓。在貨幣價值安定之下推動經濟成長，係指重點放在貨幣價值安定，而不是經濟成長。經濟政策和財政政策必須以安定貨幣價值為大前提來立案及施行。國際協調政策和外匯政策當然需要和

行政當局配合來推動，但還是要以國內貨幣安定為大前提。因此，確保日銀的獨立性實為不容忽視的課題。

為了避免日銀對破產金融機構不合理的出資或是「救濟融資」，也必須確保日銀的獨立性。

中央銀行法修正的議論屬於極為專業的分析，是理論上、實證上相當困難的問題。因此，〈日銀法〉修正案必須集結中央銀行論、外國及日本銀行史的研究學者與專家，長期間的歸納整理。再以該修正案為基礎，由國會議員審議、制定出一套新的〈日本銀行法〉。由於金融制度調查會脫離大藏省的干預而獨立為議論的主題之一，因此，此調查會不可以直接參與〈日銀法〉的修正。

雖然日銀脫離政治家的干預而獨立也是一大課題，但還是應該將〈日銀法〉修正案的製作、討論、決議交由經過選舉洗禮的議員組成的國會來執行。〈日銀法〉修正剛好可以作為確認日本國會議員素質的試金石。如果可以在國會中制定出足以向世人誇耀的〈日銀法〉，穩健進行改革的話，便可證明日本議員的素質已經提昇。相信後世的歷史學家將會對此次〈日銀法〉修正議論給予相當嚴厲的批評吧！

日銀必須讓國民對貨幣價值安定的貨幣政策完全理解並且全面信任。就連德國聯邦銀行都無法完全脫離政治家的干預而獨立，他們在整合貨幣之際，有關貨幣的交換比率還是敵不過政府的壓力。德國聯邦銀行之所以可以執行穩健的貨幣政策，是因為得到了國民的信任。

不過，就現狀而言，一般民眾比較關心的還是景氣回昇，而不是貨幣價值的安定。因此，如果執意要調降重貼現率的政治家反而會在選舉中落敗，得不到國民的支持，這種不正常的國民意識著實需要改革。

日銀職員也應該對自己Central Banker的身分謙虛應對。有些人反

應，既然讓日銀確保獨立性，那麼日銀職員就應該比照公務員的薪資體系，亦即將現在的薪水減半。但這並不是本質的問題，只是邏輯的轉換而已。話雖如此，問題是如果日銀擬定、執行貨幣政策時姿態擺的很高的話，勢必會遭到國民唾棄。

中央銀行的存在意義是在貨幣價值安定之下，維護經濟成長與國民的金融資產，並且確保金融制度的安定。也唯有日本銀行才能夠達成這項歷史使命。

四、〈日銀法〉修正的經過

1.金融制度調查會報告

依據中央銀行研究會報告書，在大藏大臣的諮詢機構金融制度調查會中討論舊〈日銀法〉的修正案。這項修正案目的在討論該如何脫離大藏省的干預，來確保日銀的獨立性，但卻由金融制度調查會來進行審議，這根本就不正常。

中央銀行脫離政治家與政府的干預，保持獨立性，這是世界共通的潮流，絕對不容忽視。原本就已經「病入膏肓」的中央銀行研究會報告書居然交給金融制度調查會來審議，只會使「病情」更加惡化而已。似乎金融制度調查會中也有委員不贊同此種作法。如果真是如此，就應該立即辭去該職務才是。既然身為學者，就必須貫徹身為學者的良心。這裏並不是希望學者全盤反對政府的作法，但大藏省改革與日銀完全獨立性的確保可說是歷史大業，那些食古不化的學者勢必會遭到後世指責為「御用學者」。

當然，身為當事者的大藏省，一定會為了自己的既得利益而到處

奔走。中央銀行研究會報告書中明文記載的事項又不能任意變更，因此大藏省便充分利用其中有記載與沒有記載的部分來行使其影響力。

(1)監督權

舊〈日銀法〉第42條所規定的監督權係將監督對象限定在業務的違法性上，大藏省認為這並沒有侵犯到日銀的獨立性。其他各主要國家根本不可能會有大藏大臣的監督權等規定。大藏省表示法律既然認可對日本開發銀行等公營金融機構擁有監督權，因此，日銀政策委員會所決定的金融政策只要確保其完全獨立性即可擁有監督權。姑且不論將日銀與日本開發銀行相提並論是否合理，但法律既然無法明文規定在不阻礙金融政策獨立性的範圍內可擁有監督權，就應該免除大藏省的監督權。

日銀是經由大藏大臣同意而設立的法人機構，具有法定性質，所以大藏省不能以一般的監督權來相提並論。如果大藏省堅持要對日銀擁有監督權的話，就乾脆將日銀定位為一個獨立的政府機構，而不是許可法人。那麼我們又必須回到為何需要修改〈日銀法〉這個原點上來討論了。

(2)獨立性

大藏省和內閣法制局認為日銀的經費是由發行貨幣的公營收益來支應，如果不進行公共查核的話，即違反「憲法」中行政權是屬於內閣的規定（如果真是如此，只要修憲即可解決）。因此傾向於留下大藏大臣的預算認可權。大藏省既然掌握了日銀的預算權，要排除對金融政策的影響就更加困難。此項規定絕對不可以留下。

日銀的獨立性極為重要，如果不能保有人事權、預算權、決策權，就無法擁有真正的獨立性。不過，在確保日銀真正的獨立性之後，極有可能會產生「第四權」。要解決這個問題其實並不容易。因為給予太

多獨立性又會違反「憲法」，但監督過於嚴格又會妨礙其獨立性。只能要求日銀對國會負責，亦即善盡告知義務，才能某種程度解決這個問題。雖然將預算權完全交付給日銀，但只要在決算時由會計檢查院來進行監查，並確實向國會報告的話，這樣的公共查核應該足夠。

⑶政府委員加入政策委員會

　　中央銀行研究會報告書中指出，政府代表在必要時可以出席政策委員會，並已經決定要派二人（和往常一樣是由大藏省和經濟企劃廳各派一名代表）出席。此外，報告書亦指出，政策委員會所決定的金融政策如果政府持反論時，政府擁有決議延期權，這也被採用了。這兩項作法雖然是沿用世界上獨立性最高的〈德國聯邦銀行法〉中的規定，但我們可以由此看出中央銀行研究會的學識不足。

　　對德國聯邦銀行的決議延期權是在該法制定當初，政府想盡辦法要降低德國聯銀的獨立性而設立的。因此，在EU貨幣整合之際所設立的歐洲中央銀行當然不容此項規定存在。〈德國聯邦銀行法〉經過修正後，便將決議延期權刪除，以提高德國聯銀的獨立性（當然，此項規定一次都沒有行使過，其實這並不重要，重要的是設有此項規定本身就是一個嚴重的問題）。而德國積極打算廢除的規定，日本卻在睽違50多年後的正式修法中堅持設立，這簡直就是個大笑話，由此可見日本是個多麼欠缺國際觀的國家。

⑷大藏省的自覺

　　大藏省也應該體認到時代在改變，不應該太過於躁進。當前的現況實在讓人不忍卒睹！大藏省的先人，燃燒著崇高的理想，不眠不休的執行財政、金融政策，終於實現了高度成長，並創造出足以誇耀世人的「經濟大國」，此外也將日本的經濟力提昇到歐美的水準。大藏省的官僚如果憂心日本的未來，有擔任舵手的氣概的話，就應該挺身而

出，徹底改革大藏省，並確保日銀的完全獨立性。如此才能夠讓大藏省的豐功偉業名垂青史。

日銀精英和前大藏次官（相當於財政部次長）輪番擔任日銀總裁的制度等，這種貽笑世人的作法實在應該早日廢除，否則日本將淪為「太平洋上的碎藻」而消失無蹤。

2.修正後的〈日銀法〉

睽違56年全面修正後的〈日銀法〉在1997年6月11日正式於參議院會中通過、成立。修正後的。〈日銀法〉於1998年4月開始實施（請參照圖表29）。

修正後的〈日銀法〉強化了宣稱是日銀的最高決策機構，但並沒有實際決定權的政策委員會（過去被諷刺為「睡覺委員會」）的權限，藉由會議紀錄的公開，來提高貨幣政策決定程序的透明度，同時也廢除了大藏大臣的總裁解任權、業務命令權以及對日銀的干預調查權等，讓日銀的獨立性更為提高。就這點來看，時代錯誤的〈日銀法〉多少得到了修正，但事實上還是留下了許多問題。

雖說政策委員會沒有決議權，但政府委員的出席卻被認可，同時，德國為防止妨害中央銀行獨立性而已經打算廢除的決議延期請求權也包含在修正後的〈日銀法〉當中。要求決議延期的場合，實際上是否可以延期的最終決定權還是操縱在政策委員會手上，那麼特別明文規定的意義為何？

大藏大臣的監督權是在違反法令及章程時才能行使，預算同意權則限定在不影響貨幣政策的一般事務經費上，若不同意時，大藏大臣必須公開發表其理由，上述內容都明文記載於修正後的〈日銀法〉當中。此外，也規定在需要維持信用秩序時，大藏大臣可以要求日銀對

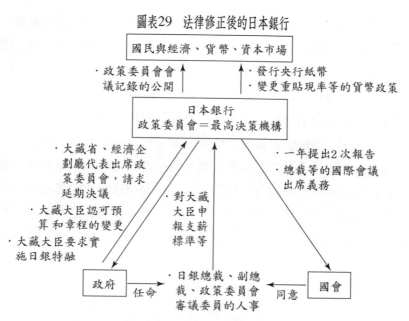

圖表29　法律修正後的日本銀行

國民與經濟、貨幣、資本市場

·政策委員會會
　議記錄的公開

·發行央行紙幣
·變更重貼現率等的貨幣政策

日本銀行
政策委員會＝最高決策機構

·大藏省、經濟企
　劃廳代表出席政
　策委員會，請求
　延期決議
·大藏大臣認可預
　算和章程的變更
·大藏大臣要求實
　施日銀特融

·對大藏
　大臣申
　報支薪
　標準等

·一年提出2次報告
·總裁等的國際會議
　出席義務

政府

任命

·日銀總裁、副總
　裁、政策委員會
　審議委員的人事

同意

國會

資料來源：參考《日本經濟新聞》（1997年6月12日）的報導製作而成。

金融機構放款，依政府的方便可以進行日銀特融。而且還規定介入外
匯市場依然是國家的事務，和以往一樣不可以進行自主性的外匯買賣。

　　雖然總裁解任權被廢除，但總裁、副總裁除了必須由內閣任命之
外，還需要得到國會的同意。這項規定本身並沒有什麼問題，但總裁、
副總裁的人事不應該受到政治家的左右，也不應該縱容政治對日銀有
太大的影響力。

　　如上所述，雖然〈日銀法〉經過了修正，但很可惜的是，中央銀
行被賦予的獨立性和其他先進國家相去甚遠。為了能夠實現貨幣價值
安定的經濟成長，不讓泡沫經濟的悲劇重新上演，必須投入相當多的
時間，由以下觀點來制定一套穩健具獨立性的〈日銀法〉。

　　日銀唯一的使命必須是維護貨幣價值。因為一旦產生通貨膨脹，1,200兆日圓的個人金融資產不但無法有效運用，甚至會賠上本金。因此，應該廢除大藏大臣的監督權與預算同意權，以確保日銀的獨立性。為了釐清責任所在，最高決策機構必須是理事會，而不是政策委員會。理事會除了要將會議紀錄公開之外，也應該對國會負責。

　　外匯市場干預與國內貨幣價值安定有著很密切的關係，因此，日銀在從事外匯市場干預時必須要有獨立的判斷。為了集中全力執行貨幣政策，最好不要參與銀行監督的工作。穩定金融制度的業務應該要以發揮中央銀行「最後的借貸者」功能的觀點來進行，絕對不能以救濟陷入經營危機的銀行為目的。除此之外，還有許多應該重新檢討之處。

第八章　今後的金融行政

一、歐美的財政、金融行政

日本的大藏省除了具有歲入、歲出等的財政功能之外，並同時執行金融機構監督、檢查行政，這種作法在歐美各國極為罕見（請參照圖表30）。

1. 美　國

首先我們就來探討美國的情形。在美國，預算編制權並不屬於財政部，而是屬於議會，是由行政管理預算局來負責。既然是由接受國民委託的議員組成的議會來審議預算，議會事務局具有預算編制權是理所當然的事。至於稅制則由財政部來負責擬定，畢竟稅制擬定就是財務性質的工作。

銀行監督則由聯邦準備制度理事會(FRB)、財政部中的貨幣監督廳(OCC)、儲蓄金融機構監督廳、聯邦存款保險公司以及州的監督當局來負責，財政部原則上只具有調整的功能而已。

貨幣監督廳負責監督，雖然編制在財政部之下，但獨立性高、擁有聯邦執照的聯邦銀行，而FRB負責監督擁有聯邦執照的銀行控股公司、FRB加盟州銀行以及該銀行的控股公司、FRB非加盟州控股公司，聯邦存款保險公司則負責監督FRB非加盟州銀行。如上所述，美國的銀行監督機構錯綜複雜，因此需要加強整體性的銀行監督體制，而財政部不需要介入個別銀行的監督。

也因為美國的財政部和日本的大藏省一樣並沒有預算編制權，因此並不需要積極地確保歲入。如果在發展金融、資本市場時認為有必要，可以重新檢討稅制。此外，如果銀行累積了不良債權，以致經營

圖表30　以往主要國家的財政、金融行政組織

	日　本	美　國	英　國	德　國	法　國
預　算	大藏省	行政管理預算局	財政部	財政部	財政部
稅　制	大藏省國稅廳	財政部國內歲入廳	國內歲入廳關稅消費稅廳	財政部	財政部
金融制度的企劃、擬定	大藏省日本銀行	FRB FDIC OCC 州政府	BOE 財政部	財政部	財政部法國銀行
金融檢查	大藏省（日本銀行）	FRB FDIC OCC 州政府	BOE	聯邦銀行監督廳	銀行委員會
貨幣政策	日本銀行（大藏省）	FRB	財政部	德國聯邦銀行	法國銀行
證券交易監督	大藏省（證券交易等監察委員會）	證券交易委員會	證券投資委員會	聯邦證券交易監督廳	金融市場理事會證券投資委員會

註1：“FRB”係指聯邦準備理事會、“FDIC”係指聯邦存款保險公社、“OCC”係
　　 指貨幣監督廳、“BOE”係指英格蘭銀行。英國的貨幣政策由“BOE”來執行。
註2：方框係指大藏省（財政部）。
資料來源：參考《日本經濟新聞》（1996年2月28日）的報導製作而成。

狀態惡化，監督當局便會令其立即清償。

　　負責監督證券市場的便是證券交易委員會(SEC)。SEC為聯邦政府
機構，不隸屬於政府任何一個機構之下，保有相當高的獨立性。依據

聯邦證券相關法令的規定，SEC具有廢除營業資格、議決暫時停止營業活動的權限，制定管制並擁有強制搜查權等強大的權限，以保護投資人為活動宗旨。至於證券期貨交易等則由商品期貨交易委員會來負責監督。

2. 英　國

在英國，財政部握有預算編制權和重貼現率的決定權。因此，金融政策可以說是由財政部來掌舵。稅制則是由本國歲入廳和關稅消費稅廳來負責制定，財政部完全不干預。至於銀行監督方面，依據1979年的〈銀行法〉，由中央銀行「英格蘭銀行」來擔任。英國雖然暫緩加入歐盟（EU）的貨幣整合，但在歐盟（EU）貨幣整合時成立的歐洲中央銀行被賦予可與德國聯邦銀行媲美的高度獨立性，因此包含重貼現率的決定權在內，英格蘭銀行的獨立性也將愈來愈高。

為了進行體系化的證券管制，因而在1996年制定了〈金融服務法〉，證券業務的監督是由接受財政部委讓監督管制權限的證券投資委員會(SIB)來執行。財政部決定最遲在2000年初之前將分散為九個機構的金融監督機構整合起來，設立一個可以整體性監督並管制銀行、證券、保險等金融服務的新機構。

3. 德　國

德國是由聯邦財政部來負責預算與稅制，但由於採行聯邦制，所以州財政部也有相當大的權限。銀行監督方面，是由聯邦銀行監督廳來執行，雖然是在聯邦財政部部長的指揮下，但為獨立性最高的政府機構。

金融政策方面，是由獨立性在世界屈指可數的德國聯邦銀行來負

責。德國聯邦銀行雖然並沒有監督銀行的權限，但可以指導並協助聯邦銀行監督廳來進行監督。與一般金融機構進行交易，掌握實際狀況的中央銀行來協助監督銀行是理所當然的事。

依據1995年1月開始實施的〈證券交易法〉的規定，百貨式綜合銀行所提供的金融服務不可以侵害到客戶的利益，此外，以往沒有實際管制的內線交易也被明文禁止，為了達到監視的目的，因而設立了聯邦證券交易監督廳。期望今後能夠積極展開保護投資人的活動。

4.法　國

法國是由財政部來負責編制預算、徵稅、金融監督，甚至也負責擬定金融政策。有關銀行監督方面，依據1984年制定的〈新銀行法〉，由財政部與法國銀行共同管轄之下的銀行委員會來負責執行。銀行委員會除了遵守適用於金融機構的法規來監督之外，也負責監視金融機構的經營狀態與財務狀況。此外，並進行定期的進場檢查，在某些場合還可以發出命令給予處罰。不過，委員長是由法國銀行總裁來擔任，事務局也設在法國銀行之下，和英國一樣，銀行監督也可以說是由中央銀行在進行。

在法國，高級官僚培育學校出身，沒有實務經驗的官僚卻在金融行政方面擁有很大的權限。因此造成諸如國有銀行里昂信貸(Credit Lione)等眾多金融機構產生鉅額的不良債權，只能仰賴政府的救濟。各界紛紛指謫財政部的金融行政要對此負起絕大部分的責任(《日本經濟新聞》1996年2月28日)。

不過，1993年〈銀行法〉修正後，金融政策的決定權完全移交給中央銀行（法國銀行）。因為在歐洲中央銀行設立之際，必須確保中央銀行的獨立性。

　　證券市場政策由財政部來執行，但負責監督的是1967年設立的獨立機構——證券交易委員會。1989年法律修正之後，便強化了該機構的獨立性，釐清身為管制當局應扮演的角色，並擴大其權限。現在已經與美國的SEC擁有同等的權限，除此之外，尚擁有強制調查的權限、對違反者行使直接禁止命令權或課以金錢上的制裁等強大的權限。金融市場理事會為交易所會員證券公司及投資公司的管制機構。

　　如上所述，除了法國之外，財政與金融行政基本上是分離的。以下我們就來探討日本大藏省財政、金融行政一體營運的弊病以及改革之道。

二、大藏省的財政政策與金融行政

　　大藏省過去一直都是將財政、金融行政一體營運。如果是在高度成長期，為了發展日本經濟，這種一體營運的方法的確非常有效，但高度成長期結束後，逐漸邁向金融自由化與國際化，這種作法便產生諸多明顯的缺失。

1.官位氾濫

　　大藏省之下又分為財政局、金融局以及其他各局單位，因而產生許多局長、課長的職位，讓許多人都可以享受到局長以上的高官厚祿。不過，財政和金融行政一旦分開，局長人數便會遞減，出人頭地的機會減少，權限也會縮小，這些職位將不再具有魅力。如此一來，就不太會有人願意前來應徵，而無法招募到優秀人才，將造成大藏省整體「品質」的低落。

　　過去的大藏省必須確保在升遷競爭中失敗的員工將來可以到民間

機構任職(空降部隊)。同一期進來的員工當中總不能讓一個人當次長，一個人當副課長。因此，連員工的生涯規劃都得好好照料，這樣才有辦法攏絡到優秀的人才。正因為如此，大藏省往往將重心放在培育人才上，反而忽視了嚴格監督、檢查相關業界的業務，結果使得金融、證券界醜聞頻傳。

　　因此，銀行監督、檢查部門勢必得走向獨立化。這個部門的職員將來不得成為關係業界的空降部隊。如果空降部隊被關係業界接受的話，就表示他們在監督、檢查時已經在睜一隻眼，閉一隻眼，或者是將來有意要放水。

2.財政政策部門的優勢

　　大藏省藉由執行財政、金融行政而完全控制日本資金的流向。而且讓中央銀行——日本銀行居於「從屬」的地位，這在高度成長期是相當完美的作法。不過，財政的邏輯和金融經濟的邏輯完全不一樣。所謂財政，係指一面保持歲入與歲出的平衡，一面提高國民經濟及生活水準，有效率地進行分配。另一方面，金融行政最大的使命是，為了貫徹市場機制而擬定計劃，並對金融機構進行監視與監督、以及嚴格徹底的檢查。如果經濟和金融的發展階段很低的話，就需要某種程度的保護行政；如果金融、資本市場蓬勃發展的話，反而會帶來弊病。

　　大藏省由於將財政、金融一體營運，因而行政效率很高，但往往被外界批評為「有局無省」，各個局都只考量到自己的利益。主計局為了解除大幅的財政赤字，不太進行經費的刪減。另一方面，國稅局則不同意稅收減少。事實上這兩個局掌控了大藏省的實權。

　　金融相關各局很明顯地居於「次要的」立場。前銀行局長很少晉升到常務次長。而前證券局長除非有例外，也不可能接掌常務次長。

因此，金融相關問題有時是由「外行人」的主計局與國稅局來進行決策。進行證券政策之決策時，與證券相關的單位反而不能夠參與。為了振興證券市場而廢除有價證券交易稅一案，也以稅收會減少為由沒有獲得同意。

3. 金融業務的複雜化

金融業務日趨複雜的現在，以目前大藏省的體制，連金融行政都無法充分執行。大藏省官員每隔幾年就會有職位異動。由於任職期間很短，往往會為了避免犯錯而不願嘗試新的作法，只想再換到下一個職務，慢慢地向上爬升。這就是管制放寬遲遲沒有進展的原因。

如果被調動到金融相關部門，必須在短期間內學會所有的金融業務而投入金融行政，當然，大藏省官員中似乎有許多優秀人才（是否有能力則另當別論）。如果是在高度成長期，這些人或許還應付得來，但在金融業務愈來愈複雜的現在，這些人要有效從事金融行政簡直比登天還難。

此外，金融自由化、國際化發展迅速，衍生性金融商品等金融技術日新月異，日漸複雜。在泡沫經濟崩潰之後，提不出有效的金融、資本市場對策的最大理由之一即在於此。目前最迫切需要的便是金融行政的專家。

談到證券公司的損失補償問題方面，被迫負責的證券公司賭氣不願協助證券局，使得證券局不知該如何推動證券行政，只好長期「放棄」政策的研擬。如果不是在現場進行買賣的金融機構根本不會知道該如何因應。就算不錄用金融相關人員，至少也要聘任能夠與其匹敵的專家。

4.主計局與國稅局的立場

在處理住宅金融專門公司（住專）破產問題之際，大藏省因為投入稅金而招致民怨。就大藏省的立場來說，不能夠讓金融機構對金融行政的失敗善後，結果主計局只好允許投入稅金。雖然在嘴上不願意承認金融行政的失敗，但由於擔心因為銀行局（大藏省的部門）的失敗而造成金融制度整體的崩潰，所以主計局才不得不去支援，不是嗎？這如果換成別的單位，主計局絕對不會首肯的。因為稅金的使用方法明顯就有問題。

當然，也不能完全否定投入稅金的功能，如果要投入稅金，首先大藏省就應該公開承認住專問題處理的失敗，讓相關單位負起責任。如果完全規避責任，並且當銀行局長被國會追究責任時，還擺出一副事不關己的態度的話，「一流部會」將會名聲掃地。當所有相關人員都徹底負起責任之後，國民才有可能會認同稅金的投入。

例如，在有價證券交易稅方面，這是世界各國都打算將之廢除的稅金，日本竟然還在課徵，可以由此看出金融、資本市場在稅制方面的不正常運作，但有關當局居然放任不管。讓人不禁懷疑證券局是不是根本不敢向「上面」的主稅局提議呢？

世界潮流明明傾向將此稅金廢除，而主稅局依然以稅收會減少為由固執己見，日本的金融、資本市場正陷入多麼危險的處境就可想而知了。這些部會身為「國家的舵手」，居然如此冥頑不靈。如果擔心稅收減少，就應該向主計局要求減少相當的歲出。一個國家只知道提高消費稅率來增加稅收，又不去削減歲出，實在是不成體統。

5. 「御用金」思想

當高度成長蒙上陰影時，日本的健全財政主義便隨之告終，正式進入公債發行時代。公債開始發行之際，大藏省就強迫金融機構承購，完全忽視市場機制，此為一大問題。無法跳脫「御用金」思想的大藏省，忽視市場現況，打算以低利率發行國債，透過銀行局去強迫那些無法違背大藏省旨意的金融機構（不過當時並沒有流通市場）。

大藏省在釋出NTT股票之際，為了填補財政赤字，竟然希望能夠賣得愈高愈好。對於民間分析師所提示的價格完全不當一回事，執意以高價釋出。在泡沫經濟期賺的最多的沒有別人正是大藏省。這種作法根本就是在攪亂市場機制。

6. 「護航方式」的弊病

在執行金融行政之際，同時進行保護行政與檢查、監督會造成很大的弊病。戰前日本證券公司的經營基礎極為脆弱。依據〈證券交易法〉第65條的規定，銀行、證券必須分離，因此到了戰後，證券公司除了受到保護培植之外，證券市場也發展得很順利。大藏省對於銀行、保險公司也依據嚴格的業務管制加以保護培植。因為「護航方式」是保護弱勢金融機構的手段，所以使得有力的金融機構坐享「暴利」。

相反地，檢查、監督一直太過寬鬆，這點是不容否認的。據說大藏省對各金融機構的檢查日期，事先已經透露出去。而且大藏省還會若無其事的接受這些金融機構的邀宴。本來所謂的檢查應該是在未告知的情況下進行突擊檢查才會有意義。因為目前這種作法，即使該機構有任何違法行為，也有可能會被湮滅證據。當然，證據如果完全被湮滅的話，檢查官的面子將會不保，因此會多少留下一些小缺失，讓

檢查官帶回去交差。不過，大藏省的空降部隊大都分配在各金融機構當中，因此，檢查官也不會很積極的去檢查或揭發他們的不法行為。

在日本，監督機構一定不會而且也不可以「犯錯」。因為絕對不能夠讓「大藏省的威望」掃地。之所以採用「護航方式」也是因為金融機構如果破產，大藏省會被追究監督責任。

經濟如果愈來愈景氣，就可以讓有盈餘的金融機構承接破產金融機構，事實上，長久以來都是採用此種作法。當然承接的一方就會向大藏省提出條件，希望能夠在日後得到回報。這種「交易」只有在一堆束縛的管制之下才會成立。因為利字當頭的金融機構怎麼可能會不求回報的幫大藏省收拾殘局。如果不這麼做，連自己公司的前途都會不保。但是現在不太會有公司仍然願意聽從大藏省的指示去承接破產金融機構。現狀即是若聽從大藏省指示，則公司自身將無生存之道。

有關證券公司的損失填補問題也是一樣，是否真的是在大藏省的「同意」之下進行的根本無從得知。結果卻變成證券公司的責任問題，而遭到輿論的嚴厲批判。

大藏省絕對不會承認錯誤，因為一旦認錯官位將不保。對大藏省的官員而言，他們最關心的事莫過於自己是否可以在大藏省內飛黃騰達。為了達到此目的最確實的方法就是，不論發生什麼事絕對不認錯。日本推動管制放寬絲毫沒有進展，遭到輿論撻伐最大的原因便是大藏省的保守主義與無藥可救的懦弱。難道大藏省內就沒有具有氣魄的官員願意表示：「為了讓日本的金融、資本市場起死回生，本人願意赴湯蹈火在所不辭，所有的責任由本人一肩扛起」嗎？其實日本金融大改革並非由大藏省，而是由政府主導，所以失敗時，可以將責任轉嫁給政府，這就是大藏省官員的心態。

由於對政治家的因應手腕是否高明為該官僚是否有能力之標準，

因此這些官員個個精通於「走後門」的世界，健全的感覺已經完全麻痺。一些居高臨下的官員最近紛紛發生醜聞或許正是基於此原因。而且擁有絕大權力的大藏省官員天不怕地不怕，對付政治家可以利用稅務調查來掐住他們的脖子。因此，便開始為所欲為，以致醜聞不斷。當然，筆者相信這種不法官員只占一小部分而已……。

如上所述，大藏省的財政、金融行政一體營運所造成的弊病，以及保護行政與檢查、監督一起進行所產生的問題實在很多，不容小覷。因此，今後必須讓金融、資本市場健全發展，積極推動自由化與國際化，並認真摸索市場行政之下監督行政組織的走向。

三、大藏省改革的方向

1. 主計的分離

大藏省的功能該如何分割呢？首先，最理想的方式便是將主計局改為國會預算局，將預算交由接受國民託付的議員所組成的國會來編制決定。不過，就日本國會議員的發展階段來看，很可惜的是，這些議員只會考量到自己選區的利益而互相爭奪預算。因此，也可以採用另一種方式，將主計局改為內閣官房預算局，為首相直轄的機構。將主稅局與關稅局統合成歲入廳，負責稅制的企劃與徵稅。

包括金融的企劃、擬定在內的金融行政與檢查、監督將全部移交給金融廳。必須使其成為獨立性高的機構。而且，禁止與主計、主稅相關部會有人事上的交流。因為這只是一個依據法律負責監督業務的機構，為檢查金融機構的專家集團。

在日本，戰後的高度成長期的確需要某種程度的保護行政。不過，

當高度成長期結束，金融管制也逐漸放寬，金融機構便開始吸收優秀人才。而且，金融、證券業務愈來愈複雜、精密，所以必須保護存款人與投資人、徹底公開資訊、確保市場的透明性與公正性，在採取這些措施之後，金融機構才可自由行動，違反原則者則徹底加以取締。如此一來，金融機構雖然仍像以往一樣去探測有關當局的想法，依其意旨來從事業務，但是同時也必須靠自己的判斷來行事，而且還要行為端正。此外，也應該加強金融機構內部的規律。

2.金融廳的設置

金融廳當中設置有銀行監督局、證券交易監督局、保險監督局、國際金融局。各部局必須備有充分的人才，而且還要配置檢查金融機構的專家。金融業務日趨複雜精密化，著實有必要培育從事金融業務監督、檢查的專家。目前也需要從金融機構當中尋找人才。如此才能夠真正發揮金融機構監督的實效。

銀行監督局不只是監督銀行，還要全盤監督通產省管轄的Non-bank，農林省管轄的農林金融機構、承辦郵政儲金的郵局等吸收存款的金融機構。雖然各部會反彈得很激烈，但就保持統一信用制度觀點來看，這是絕對必要的。

信用合作社除了職域、業域信用合作社之外，幾乎沒有其他的存在意義，但現在已成為國家的機構委任事務，原本由都道府縣來進行的監督、檢查也必須交由銀行監督局來進行。因為就安定信用制度的觀點來看，銀行監督必須由國家全盤進行比較好。信用合作社之所以經常發生破產，是因為檢查、監督較寬鬆，而且信用合作社沒有和日銀有交易關係，因此不列入日銀考查的對象，這些都是重大的影響因素。

　　壽險公司中型態較多的相互公司必須儘早將組織變更為股份有限公司。壽險公司的資訊揭露和被認為做的並不徹底的銀行相比還要更糟。因此，雖然傳說壽險公司擁有鉅額的不良債權，但實際狀況卻沒有人清楚。而且相互公司在破產時的處理方法也沒有明確規定。保險公司應該由保險監督局來監督。

　　國際金融業務的監督則應該交由國際金融局來負責。國際金融市場的監督是極為困難的工作。國際機構、各國的監督當局和中央銀行都很認真在討論這個問題。國際機構和各國的監督當局在進行監督時，必須保持密切的連繫。在此更需要配置國際金融監督的專家。如此一來，就不會產生因為不知國際規則，延遲將本國銀行在外國發生的醜聞通報給監督當局而遭受批判的事，而且或多或少也可以避免隱含1,100億日圓高額損失卻長期不為人知的狀況發生。

　　負責監督證券公司和證券市場的部署便是證券交易監督局。應該將目前的證券交易等監視委員會加以改組，改為如美國證券交易委員會（SEC）一般具強力搜查權限的機構。證券公司或其他金融機構依據法律展開業務活動，如有違法的場合應徹底揭發，此外，就保護投資人的觀點來看，必須徹底實施企業的資訊公開，不容許內線交易等造成利益衝突的情形發生。

　　由於是監督業者與市場雙方的機構，與其說是證券監督局，或許稱為證券交易委員會比較適當。此外，此證券交易委員會不只是監督證券公司而已，目前也負責監督銀行的證券子公司或銀行所從事的證券業務，並且監督整體證券市場，因此，此機構不應該設置在金融廳之下，最好像美國一樣，為一個完全獨立的機構。

四、大藏省改革的進展

1. 執政三黨達成協議

1996年12月，自民、社民、先驅這三個執政黨針對大藏省改革的協議書「金融行政機構等的改革」達成協議。在協議書當中明文記載大藏省金融檢查與監督的分離。以下提出其中一部分來探討。

協議書中指出，大藏省的銀行局與證券局將要廢除，而與金融局（暫定名稱）整合在一起。國際金融局將一部分功能移交給金融局，暫時維持現在的體制。以這種不乾脆的作法根本就無法進行徹底的改革。而官房金融檢查部則移轉到新機構當中。

金融局只具有金融企劃、研擬的功能，在「Glass-Stegall法」（美國的法律之一，禁止銀行承銷證券並進行買賣）修正後，與美國負責金融制度改革企劃、研擬的財政部具有相同的型態。在美國，金融機構監督是由財政部的一個獨立的單位——貨幣監督廳以及聯邦準備制度理事會、聯邦存款保險公司等來執行，財政部完全不參與銀行的監督與檢查。大藏省應該虛心學習此種作法，對新機構的一切事務完全不過問。這可是嚴肅的歷史教訓。

2. 金融監督部門的分離

依據〈國家行政組織法〉第3條：新設立金融檢查、監督廳（暫定名稱），設置在總理府之下。新機構必須確保國民經濟的健全性與公平性，對金融機構斷然施行監督與檢查。因此，就如同德國的聯邦銀行監督廳受到保證為「聯邦最高機構」一般，這個新機構必須保持高度

的獨立性，而且賦予「日本最高政府機關」的地位。

接受改革的大藏省表示，如果採取公平交易委員會的型態，責任的歸屬將不明確，而且吸收不到優秀的人才，因而反對此種作法，對此公平交易委員會表示抗議。就公平交易委員會的型態具有獨立性的觀點來看，這是個很理想的作法，但問題在於新機構的獨立性該如何確保。因此，金融檢查、監督廳不應該設置在總理府之下，必須是一個獨立的機構，首長由內閣成員來擔任。如果不這麼安排，則無法與大藏省進行對等交涉。

如果違反行政改革的話，就應該立即將這些沒有用的落伍機構加以整頓。金融檢查、監督廳的設置對今後金融、資本市場的發展之重要性不可言喻。所謂行政改革，並不一定要增加新的部會，過去大藏省只是把行政改革當作不想減少部會的理由罷了。

3. 金融機構、非銀行金融機構的檢查與監督

根據前述的協議，農協系統金融、勞動金庫、等……非銀行金融機構的檢查與監督將一元化，並將金融檢查、監督交給農水省、勞動省、通產省來共同管理。住專問題中得到的教訓是，金融機構必須要有金融機構該有的作為。明明沒有「運用能力」，卻在泡沫經濟期累積了龐大的資金，不知該如何運用的當時，因為相信住專有銀行為後盾而對其提供資金，這可不是一個金融機構該提出的藉口。

到底在住專問題中接受國家「支援」的金融機構有沒有必要繼續從事金融業務呢？因為本業不景氣，因此就在信用業務中獲取利益，這種想法未免太過天真。因為即使是銀行也不容易在競爭中存活下來，因此最好不要從事一些極度複雜的金融業務。如果金融業務有其必要性的話，就在分行的一角擺出信用金庫或地方銀行的櫃臺，客戶可以

在此櫃臺進出資金。既然已經在住專問題中投入稅金，為了避免相同的情形再度發生，就必須採取措施使其不再從事金融業務。如果連這點魄力都拿不出來，日本金融大改革成功之日將遙遙無期。

金融檢查、監督廳必須全盤檢查、監督諸如農協系統金融、勞動金庫、非銀行金融機構等機構。此外，郵政儲金也是檢查的對象。有關金融交易的業務，必須由專家集團來進行監督與檢查。金融交易與貨品、服務的交易在性質上大異其趣，只要有一小部分產生問題就會波及到制度整體，甚至可能會對經濟造成其大影響。

有關信用合作社的監督、檢查事務不應再委任給都、道、府、縣的機構執行，而是必須由金融檢查、監督廳來執行。在泡沫經濟崩潰後，信用合作社頻頻發生經營危機，監督體制不完善為一大問題。如果不建立一套完善的監督體制，問題將會愈演愈烈。

4.獨立性的確保

協議書中指出，金融檢查、監督廳的首長由首相任命，且嚴正確保首長所擁有的人事權的獨立性。這種作法太過草率。應該明文禁止與大藏省之間的人事交流。如果沒有加以禁止，就完全失去了將大藏省解體，設立金融檢查、監督廳的意義了。結果竟變成了大藏省的「子公司」。不過，有部分人士指出一旦禁止人事上的交流，清楚掌握現況的新機構的資訊便無法反映在大藏省的企劃上。這根本不能構成需要人事交流的論點。新機構也可以研擬企劃。

如果有必要的話，只要讓兩機構正式擁有協議的管道即可。事實上，聯合執政黨協議後表示，就信用秩序的觀點來看，為了讓新機構將金融現況反映到企劃上，必須定期與大藏省進行協議（不過，大藏省不可以干預信用秩序的維持）。就現狀而言，就連只掌握大藏省「報

喜不報憂」資訊的我們，都能夠擬出比大藏省還具有說服力的企劃，
所以根本不需要太過擔心。

5.徹底進行檢查

　　金融檢查、監督廳可以授予也可以取消銀行、證券公司、保險公
司等執照。新機構除了定期檢查民間金融機構之外，也要仔細的收集
資訊，視情況也可以進行突擊檢查。以自有資本比率等客觀的指標為
基準，採取早期糾正措施（含業務停止命令在內的經營改革命令等）。
為了防範金融破產，必須採取透明且明確的規則來因應，這是平成金
融恐慌的重要教訓。

　　此時，研擬企劃的大藏省不可以露面，也絕對不可以做任何干涉。
為了確保金融制度的安定性，金融檢查、監督廳要與存款保險機構以
及為了防止擠兌風波造成嚴重的影響，發揮「最後的借貸者」的功能，
與維護金融制度安定的日本銀行保持密切的關係（正因為如此，日銀
必須確保獨立性，避免大藏省的干預）。

　　例如，由於不良債權問題日益嚴重，造成金融制度的危機愈陷愈
深，而需要投入財政資金的場合，當然只好要求大藏大臣發動財政解
救措施，但或許會被大藏省以「平常都不依從大藏省的指示，礙難准
許」等理由而駁回。在此，大藏省可能會端出正當的理由，例如「民
間交易的失敗怎麼可以利用國民的稅金來善後呢?」此時，政治人物必
須就國民經濟觀點來下判斷。因為由國民經濟整體的立場來進行綜合
性的政策判斷正是政治人物應擔負的任務。聯合執政黨的提案當中也
提到，對重大事件的因應措施，內閣必須負起連帶責任。當然，前提
是必須讓國民了解不得不動用稅金的原因，並徹底追究責任。

6.證券交易委員會

　　協議書中指出，證券交易等監視委員會方面，將會保留合議制的體制而移交給新機構。雖然也可以將此委員會移交給金融檢查、監督廳，但最好還是像公平交易委員會一樣，以證券交易委員會(SEC)的身分，成為一個獨立的機構。

　　這是因為證券交易委員會不只從事證券業務，也必須為了確保證券市場的公平性、透明性、效率性而從事市場監督。在推動日本版金融大改革的同時，市場監督的重要性也日益提昇。因此，必須擁有強力的搜查權，而且應該採行獨立預算制。由於必須徹底保護個人投資人，所以最好配置數千名人員。在從事金融、資本市場的檢查與監督之際，金融檢查、監督廳與證券交易委員會必須保持密切的連繫。

7.與大藏省共管

　　文書案中尚指出，地方金融機構的檢查與監督要活用現有的地方支分局體制，擁有金融、監督要員的財務局則繼續留在大藏省當中。以往從事金融檢查的職員，在大藏省當中約配置一百三十名，而在地方財務局約配置350名。如此一來，便無法保持金融檢查、監督廳的獨立性。因為最後將不得不依賴大藏省的檢查體制。這種作法的確值得反省。大藏省金融局的業務必須限定在研擬企劃上。必須將具備專業知識的檢查人員配置到金融檢查、監督廳的分局當中。

　　大藏省改革主軸是將主計、國稅、金融行政分離，但主計、國稅的分離姑且不論，金融行政（亦即金融檢查與監督）必須依據法律來執行。此外，像以往一樣擁有廣泛的許認可權來壓制金融機構，或是行政指導、裁量行政等都必須徹底排除。因此，要徹底放寬管制，金

融檢查、監督廳的許認可權也要降到最小限度。無論監督也好，檢查也好，甚至是破產處理也好，都要依據明確的規則來行事，這點相當重要。以往蠱惑人心，不相信市場，隱瞞實態，使危機日益惡化的「報喜不報憂型」的大藏行政，必須毅然與之訣別。

8.金融監督廳的設置

　　為了讓日本的金融、資本市場在競爭力上與歐美並駕齊驅，日本版金融大改革是不二法門。其前提是金融監督、檢查部門要從大藏省分離出來，並確保日本銀行的獨立性，但大藏省總是一心策劃要對金融監督、檢查以及日銀的金融政策造成影響。如此一來，根本無法創造出公平、透明、活潑的金融、資本市場。

　　為了讓金融監督、檢查部門從大藏省分離出來成為獨立的部門，1997年6月16日在參議院會中通過成立〈金融監督廳設置法案〉。金融監督廳承接大藏省的金融檢查部與銀行局、證券局的金融機關監督部門，於1998年6月設立，為總理府的中央直屬局。證券交易等監視委員會也移轉到金融監督廳。金融監督廳的幹部職員則避免與大藏省有人事上的交流。

　　金融監督廳除了負責對銀行、證券、保險進行監督與檢查之外，依據1998年4月開始適用的「早期糾正措施」規定，可以對銀行等進行業務改善命令與業務停止命令的發佈、執照的發放、吊銷、合併的認可等。我們可以預期在金融監督廳設置之後，日本金融制度的公平性與透明性將會提高。以往銀行檢查日期在事前都會被告知，甚至還有負責檢查的官員接受邀宴的情形發生。這根本就不能稱作檢查，金融監督廳的檢查應屬最高機密，突擊檢查為最理想的方式。如此一來，金融機構的不法行為應會驟減許多。

　　不過，問題在於大藏省依然可以深入干預金融監督廳的監督與檢查。這是因為金融的企劃研擬業務全都操縱在大藏省手上，因此大藏省必須和金融監督廳保持密切的連繫，同時也可以要求金融監督廳及民間金融機構提供資料與協助。原本金融的企劃、研擬業務就應該由立法機構來負責，或由金融監督廳負責。

　　由於金融的企劃研擬業務全都操縱在大藏省手上，所以雖然金融監督廳負責處理金融機構的破產問題，但停止銀行的業務、吊銷執照等對信用秩序之維持可能造成重大影響的場合，還是得與大藏省一同協議。更何況地方金融機構的檢查與監督是由大藏省地方財務局來負責，這根本就不值得一談。

　　結果金融監督廳簡直就是大藏省的特遣部隊。大藏省事實上一手承攬金融行政，但又不需要對金融機構的醜聞和破產負起監督責任，這樣只會讓事態演變得更為嚴重而已。因此，金融行政必須從大藏省完全分離，並確保金融監督廳100%的獨立性，這是當前最重要的課題。

　　話雖如此，在上回發生金融、證券醜聞之際設立的證券交易等監察委員會，由於設在大藏省內部，雖然實效性受到質疑，但在設立之後，確實有善盡職責，不斷揭發證券交易的不法行為。期望今後金融監督廳能夠充分發揮功能，貫徹日本所不可或缺的市場機制，並徹底實施企業管理。因為一旦擁有健全的組織，即可配合目的徹底執行業務。為了避免大藏省對金融監督廳施以不當的影響力，也期盼全民共同來監督。

結　語

　　本書針對日本金融制度的歷史與現狀,明確指出未來的改革方向。在經過日本金融大改革的洗禮之後,今後的金融制度勢必會脫胎換骨,展現出一番新氣象。

　　然而,日本金融大改革是希望在過去安逸的金融制度中導入競爭原理,讓金融機構從事金融商品開發與銷售競爭來提高客戶的方便性,這些都是強化日本金融制度國際競爭力的必要措施,並非劃時代的作法。這些作法大都是以美國為範本,這在過去大藏省的保守主義和業界自私自利的態度之下是無法實現的。

　　日本金融大改革如同本書所述,主要內容包括對金融機構導入競爭原理、利用金融控股公司來提供綜合性的金融服務、實施金融大重整、建立透明、公正、自由的國際貨幣與資本市場、成立獨立性高的中央銀行來防止通貨膨脹、建構金融檢查與監督體制來揭發不法行為等,其囊括的範圍十分廣泛,也相當完整。

　　在實施這些改革之際,最重要的前提便是儘早解決泡沫經濟遺留下來的不良債權問題,此時最好利用公營資金,採取根本的解救措施。如果對此問題視若無睹而貿然實施日本金融大改革的話,擁有龐大不良債權的金融機構將無法在競爭中存活下來,到最後關頭日本的金融制度一定會面臨崩潰的厄運。更何況在新〈外匯法〉之下,外資大舉入侵日本的貨幣、資本市場,使得危險性更為提高。

　　上述問題如果順利解決,日本的地區金融機構就不至於消失無蹤了。不過,積極從事國際業務、與海外大型金融機構互別苗頭的金融機構,到底有多少能夠脫穎而出呢?此為一大問題。很可能大型金融

機構全部都被淘汰，或者大多數都和日興證券一樣投靠外資。為了避免淪為此種下場，本書提供許多方法以供參考。

當然，本書也適度描繪出今後金融制度整體的面貌，不過並沒有明確指出今後金融業務發展的走向。這是因為如果被問到電子貨幣或電子交易會普及到什麼地步，或者是日本人會選擇多少避險商品，不確定的層面太多了，根本無從回答。甚至也不知道衍生性金融商品交易會有多少被使用到金融交易當中。有關這些問題，皆有待今後仔細地觀察。

希望未來日本會和德國一樣，建構出一套并然有序的金融制度，因此筆者正打算將日、德的金融制度做一深入的比較。金融為促進經濟活動的發展和環境保護之重要手段，所以今後筆者的研究將朝此方向邁進。

在本書執筆之際，承蒙日本放送出版協會・編輯局總合圖書出版部的小川真理生氏，以及田粟美穗氏之鼎力相助，在此深表由衷的謝意。

1997年8月吉日

相沢幸悅
第二刷的內容有部分變更，修改了一些資料。

日本學叢書

書　　　　　名	作　　　者	出　版　狀　況
日　本　學　入　門	譚汝謙　著	撰　稿　中
日　本　的　社　會	林明德　著	已　出　版
日本近代文學概說	劉崇稜　著	已　出　版
日本近代藝術史	施慧美　著	已　出　版
衍生性金融商品入門 ——以日本市場為例	三宅輝幸　著 林炳奇　譯 李　麗審閱	已　出　版
日本金融大改革	相沢幸月　著 林韓菁　譯 李　麗審閱	已　出　版

國家圖書館出版品預行編目資料

日本金融大改革 / 相沢幸悅著;林韓菁譯
－－初版一刷. －－臺北市；三民，民90
面；　公分

ISBN 957-14-3398-5(平裝)

1.金融問題－日本

561.931　　　　　　　　　　　　　90000148

網路書店位址　http://www.sanmin.com.tw

ⓒ　日本金融大改革

著作人	相沢幸悅
譯　者	林韓菁
審　閱	李　麗
發行人	劉振強
著作財產權人	三民書局股份有限公司 臺北市復興北路三八六號
發行所	三民書局股份有限公司 地址 / 臺北市復興北路三八六號 電話 / 二五〇〇六六〇〇 郵撥 / 〇〇〇九九九八――五號
印刷所	三民書局股份有限公司
門市部	復北店 / 臺北市復興北路三八六號 重南店 / 臺北市重慶南路一段六十一號

初版一刷　中華民國九十年一月
編　號　S 56207
基本定價　肆元陸角
行政院新聞局登記證局版臺業字第〇二〇〇號

有著作權‧不准侵害

ISBN　957-14-3398-5　（平裝）